Los 15 MILAGROS del AMOR

Los 15 MILAGROS del AMOR

Una vida llena de milagros no es más que una vida llena de amor...

SPENCER HOFFMANN

HarperCollins *Español*

Editora en Jefe: *Graciela Lelli*
Diseño: *Grupo Nivel Uno, Inc.*

ISBN: 978-0-71803-926-4

Impreso en Estados Unidos de América
15 16 17 18 19 DCI 9 8 7 6 5 4 3 2 1

Les dedico este libro y este tiempo de mi vida a las tres siguientes personas que, sin orden de importancia, han marcado mi vida y han sido la fuente principal de milagros de amor y, más que eso, son milagros de amor en mi vida.

A mi hijo Spencer

A mi mujer Marilyn

A mi madre Nara

CONTENIDO

Agradecimientos   ix

Introducción: Los milagros del amor   xi

  1. El milagro del amor   1

  2. El milagro de una vida consciente   9

  3. El milagro de la fe   27

  4. El milagro del poder creador infinito   37

  5. El milagro de la bondad   59

  6. El milagro de la trascendencia   69

  7. El milagro de la elección   85

  8. El milagro del darybir   103

  9. El milagro de la abundancia   115

10. El milagro de la pasión   127

11. El milagro de la felicidad   139

12. El milagro de la gratitud   153

13. El milagro de la perfección   163

14. El milagro de la vida   177

15. El milagro más sublime   185

Palabras finales   187

Notas   189

Acerca del autor   191

AGRADECIMIENTOS

AGRADECIMIENTOS

Agradecer es una palabra hermosa que significa llenar de gracia. Yo no me siento como una persona que llena de gracia la vida de otros seres humanos, pero sí puedo reconocer que ha habido un sinfín de personas que han llenado la mía de tanta gracia que no puedo más que expresarles mi infinita gratitud.

Gracias mamita hermosa, porque mi vida hoy es gracias al amor con el cual me enseñaste a soñar, a luchar por la vida, a vivir siempre con una sonrisa y sobre todo a ser yo mismo.

Gracias papá, porque a pesar de haberme conocido solo por tres años, has llenado mi vida de reflexión, aprendizaje y un propósito de amor.

Gracias Yayita y Patito, por ser esos ejemplos de una vida inspirada en el amor y una lucha de amor inspirada en la humanidad.

Gracias Granny, por tu luz y tu sabiduría, y por enseñarme a sonreír en la adversidad y a reconocer milagros en la cotidianeidad de la grandeza de Dios.

Gracias hermanos, por estar conmigo siempre a lo largo del camino y porque puedo contar con su amor y apoyo incondicional.

Gracias John Maxwell, por haberme enseñado tanto, por haberle aportado tanto valor a mi vida, por haberme dado una increíble oportunidad y sobre todo por haberme ayudado a creer en la enorme grandeza de mi ser.

Gracias amor mío, por darle sentido a mi vida y darme el regalo más hermoso de todos: una familia de amor.

Y sobre todo, gracias a ti que sostienes este libro en tus manos y haces que mi vida tenga un propósito y un sentido.

INTRODUCCIÓN

Los milagros del amor

Somos seres humanos, pero ¿qué significa «ser humano»?

Cuando hablamos de un ser «humano» en nuestra mente se refleja con total claridad un ser lleno de virtudes y en excelente condición: física, mental, espiritual, emocional, intelectual, etc. Entonces me pregunto: ¿qué hemos hecho o permitido que nos ha deshumanizado? ¿En qué momento dejamos a un lado nuestra parte humana? ¿Cuándo dejamos de ver a las demás personas como nuestros hermanos? ¿En qué momento nos separamos de nuestra esencia humana y permitimos que el odio y el resentimiento tomaran el mando de nuestras acciones?

Como seres humanos llevamos en nosotros un motor, una fuente poderosísima de energía que todo lo puede y todo lo logra, cuyas acciones son nobles porque están inspiradas por la fuerza creadora, la fuerza primaria. Esta fuerza de la que te hablo es también el ingrediente secreto que le da color a nuestras vidas. Estoy hablando de tu corazón y del amor. Somos seres de luz, creaciones perfectas con un único y verdadero propósito, y cuando lo llevamos a cabo nos sentimos vivos, solo cuando lo llevamos a cabo sabemos y sentimos que servimos y que estamos cumpliendo nuestro propósito en la vida: amar y ser amados.

Yo sé que puede sonar a cliché, pero cualquiera que haya experimentado ese amor profundo y verdadero coincidirá conmigo en que ese momento es toda perfección, en ese momento todo funciona y la vida «es color de rosa». En otras palabras, no vive en nosotros la duda, el miedo o cualquier otra emoción negativa.

¿La razón?

No hay separación, sino todo lo contrario: unión.

La fuente y causa de la unión es el *amor*.

Cuando vivimos en unión toda nuestra vida tiene sentido, no existen los problemas ni las frustraciones, no hay dolor, y eso es porque nuestro espíritu reconoce que cuando vibramos en ese amor genuino no hay diferencia entre tú y yo, no hay individuos «separados» y no hay otra cosa más que el momento presente. De hecho, vivir en amor es la única manera de vivir nuestro presente y darle un sentido real y trascendente a nuestra vida.

¿Puedes pensar en algún momento de amor intenso en tu vida? Vamos, por un instante te invito a cerrar los ojos y pensar en el momento más feliz de tu vida.

Te aseguro que en ese momento no pensabas en otra cosa. Estabas presente, en cuerpo, mente y alma, estabas en unión: con tu espíritu y contigo mismo, con tu fuente, con Dios y con los seres con los que compartías esa experiencia de amor.

El amor es como el fuego: no hay nada más poderoso que él en nuestra vida, ya que es la razón por la cual venimos a este mundo.

Si te queda alguna duda te pido que reflexiones y pienses en lo siguiente: ¿cuáles han sido los momentos en los que te has sentido más vivo en tu vida?

Te aseguro que la respuesta es «en los momentos de mayor amor». Y si tu respuesta se refiere puntualmente a esos momentos, entonces te aseguro que describirás aquellos en los cuales te sentiste más vivo que nunca.

Ahora, el amor no es únicamente el que se siente por otra persona; el amor se manifiesta de muchas maneras en nuestra vida: un simple atardecer; la sonrisa de un niño, un anciano o una mujer, o realmente cualquier persona; un momento de conexión con nosotros mismos y con nuestra misión o propósito en la vida... todos esos son momentos de amor y detonan en nosotros ese sentimiento de máxima vitalidad. Nos hacen ver por qué somos lo que somos y por qué estamos vivos. Es por ese amor que nos consideramos «seres humanos» o simplemente «humanos».

¿Cómo podemos saber cuándo estamos viviendo en amor? Cuando por un momento todo pierde importancia menos el momento.

El amor tiene un efecto maravilloso ya que cuando está presente en nuestras vidas nos hace seres funcionales y podemos usar todas las capacidades que nos fueron dadas para explotar nuestro potencial como seres humanos. Lo que estoy diciendo es que el único medio, estado o posición a través del cual podemos sacar y manifestar nuestro verdadero propósito y maximizar nuestro potencial como seres humanos es el estado del *amor*.

Se ha dicho que únicamente hay dos maneras de vivir la vida: como si todo fuera un milagro o como si nada fuera un milagro.

Quiero decirte que el amor, como tal, es un milagro. Es el milagro más grandioso y fortuito para los seres humanos; el amor es el ingrediente que hace que nuestras vidas comiencen a ser pequeños milagros, y cuando juntamos esos pequeños milagros de una o varias vidas comienzan a suceder cosas maravillosas.

El amor no solo es la fuente de los milagros, el amor es también un milagro, y por eso una vida de amor ya es una vida milagrosa.

1. **El milagro del amor**: El primer milagro del amor es el amor mismo, porque una vida de amor ya es una vida de milagros, una vida milagrosa en todos los sentidos.
2. **El milagro de una vida consciente**: Una vida consciente es el inicio del viaje hacia la realización máxima y hacia una vida llena de amor. Esta consciencia comienza con la pregunta más importante de todas: ¿quién soy?
3. **El milagro de la fe**: Una vida de fe es una vida de amor, ya que la fe nos lleva a seguir adelante a pesar de cualquier

circunstancia. Creer en mí mismo y que simplemente merezco una vida de grandeza, y tener la total fe y certeza en ello, solo pueden resultar en una vida extraordinaria, una vida llena de milagros.

4. **El milagro del poder creador infinito**: Una de las características más importantes y grandiosas de los seres humanos es el tremendo poder creador del cual somos «acreedores». Cuando reconocemos nuestra esencia y nuestra grandeza, nos damos cuenta de que todo lo que necesitamos se encuentra dentro de nosotros ahora. Cuando eso sucede reconocemos las oportunidades dondequiera que vayamos. Nuestra vida es una oportunidad para amar, para trascender y para generar un cambio positivo.

5. **El milagro de la bondad**: Nuestra verdadera naturaleza es una naturaleza de amor, y el amor es siempre bondadoso. Sin embargo, cuando somos bondadosos con la sociedad y el mundo, realmente lo estamos siendo también con nosotros mismos. Detenernos un instante para apreciar la vida, para reconocernos en cualquier otro ser humano y estirar la mano a fin de crear un milagro de bondad puede cambiar la vida de miles de personas.

6. **El milagro de la trascendencia**: Nuestro verdadero propósito es un propósito de trascendencia, y esta es un milagro del amor porque todo lo que nace del corazón, todo lo que es inspirado realmente por amor resulta imborrable en el tiempo. Un ser trascendente es un ser inmortal para la humanidad.

7. **El milagro de la elección**: Elegir es algo que hacemos todos los días un sinfín de veces, y lo hacemos de manera inconsciente. ¿Qué sucedería si comenzáramos a elegir sin los condicionamientos a los cuales estamos tan acostumbrados y en su lugar comenzáramos a elegir todo en nuestra vida partiendo del amor? Nos sorprendería nuestra vida a tal grado que la llamaríamos «milagrosa».

8. **El milagro de dar y recibir o darybir**: El amor une, no separa, y es por eso que desde el amor podemos entender que los conceptos de «dar» y «recibir» no hacen otra cosa más que describir un mismo acto. Cuando entendemos la vida desde esta perspectiva nos damos cuenta de que no hay separación entre lo que creo que doy y lo que creo que recibo. Podemos también aprender a utilizar esta manera de ver la vida para llevar nuestra realidad a niveles sumamente elevados.

9. **El milagro de la abundancia**: Nuestra verdadera naturaleza es completamente abundante. Somos seres de grandeza y amor infinito. Sin embargo, el miedo y el ego provocan que aceptemos ideas mediocres como propias y comencemos a vivir en la escasez. Es por ello que una vida basada en el amor es una vida llena de abundancia en todos los sentidos, comenzando con la abundancia emocional.

10. **El milagro de la pasión**: La pasión es aquel elemento que distingue a los grandes líderes y a las personas que han transformado el mundo. Cualquiera que actúe desde el amor tendrá el gran regalo y el beneficio de la pasión, y podrá literalmente inspirar a miles de seres humanos a tener una vida extraordinaria a través de su ejemplo.

11. **El milagro de la felicidad**: La felicidad, la dicha, la alegría, más que un derecho debería ser una obligación de los seres humanos. De hecho es nuestro estado original, nuestro estado de amor. Los momentos más felices que hemos vivido han sido momentos de mucho amor. Si aprendemos a dejar que el amor se manifieste en nuestra vida comenzaremos a tener una vida plena en todos los sentidos.

12. **El milagro de la gratitud**: Uno de los elementos más hermosos que posee el ser humano es el de apreciar y agradecer absolutamente todo lo que existe en su vida o su realidad. Cuando actuamos desde la gratitud nuestro enfoque es tal que nuestra vida literalmente comienza a ser milagrosa.

13. **El milagro de la perfección**: Cuando entendemos que todo lo que ha sucedido ha sido perfecto porque nos ha

traído a este presente, a este aquí y ahora, nuestra vida realmente resulta poderosa. Una vida en crecimiento, abundancia y amor es una vida enfocada en la vida: el presente, y no una vida atorada en un pasado doloroso o un futuro incierto.

14. **El milagro de la vida**: Definitivamente mi milagro favorito del amor es la vida misma. Somos una manifestación clara de amor. De un amor profundo, genuino y puro, y como seres de amor damos vida cuando aceptamos y manifestamos nuestra verdadera esencia. Una vida llena de amor es una vida llena de vida.

15. **El milagro más sublime**: Finalmente, ¿qué es la vida sin ese toque de consciencia maravilloso a partir del cual absolutamente todo cobra sentido? El milagro más sublime es precisamente eso.

Entonces mi invitación a ti, querido lector, es que comprendas este libro no a través de los ojos o las ideas, sino a través del corazón, y que simplemente te permitas comenzar a creer en la posibilidad de lo imposible y posteriormente a crearla, aquella de manifestar milagros en tu vida, porque quiero decirte: naciste y vives para ello. Para ese propósito es que este libro fue escrito. Así que, ¡comencemos!

Capítulo 1

EL MILAGRO DEL AMOR

El amor manifiesta muchos milagros; más adelante en este libro los analizaremos y de ellos aprenderemos. El amor mismo ya es un milagro. Piensa un poco en esta interrogante: ¿qué es un milagro? Yo puedo asegurarte que hemos crecido y vivido con la idea de lo que es y lo que no es un milagro. De hecho, la idea que tenemos de un milagro es que resulta una situación fuera de lo común. Algo que pensábamos o suponíamos que era prácticamente imposible, pero que por una u otra razón, o ninguna, es real o verdadero en nuestras vidas.

Una vida llena de amor comienza a manifestar cada vez mejores y mejores versiones de nosotros mismos, de tal manera que comenzamos a vivir y experimentar una realidad que antes no creíamos posible en nuestra vida y, sin embargo, ahí está: esa nueva verdad, nueva y fascinante alternativa que hace de nuestra vida una vida de grandeza, una vida maravillosa y una vida llena de éxito, logros y felicidad. Esta vida excepcional es una vida milagrosa, y el primer milagro es haber comenzado a vivir desde este estado maravilloso de amor.

Cuando nunca hemos vivido desde el amor y nunca hemos experimentado lo que es una vida de unión nos resulta imposible concebir qué es. Es como si yo te quisiera explicar el sabor de una manzana con palabras. Describirlo es prácticamente imposible. Puedo intentarlo y dar una idea general, pero el sabor de una manzana puede ser únicamente entendido mordiendo y probando la jugosa fruta. Así sucede con una vida de amor, no puede ser entendida hasta que se vive.

Lo que sí puedo hacer en este libro es decirte cómo y de qué manera puedes comenzar a vivir una vida desde el milagro del amor. Cada milagro es en sí un acto, un estado o una forma de ser que surge cuando vivimos desde el amor, pero también esta vida de amor puede ser invocada viviendo y manifestando los actos y las maneras de ser descritas en este libro como «milagros de amor». Así que el primer paso de una vida llena de amor es la aceptación total de nuestro ser. En otras palabras, el amor *no juzga*.

El amor acepta.

Cuando yo juzgo, estoy segmentando ciertos comportamientos que poco o nada tienen que ver con mi esencia. En el amor reconozco mi esencia, la veo, y desde mi grandeza la acepto y, por lo tanto, me acepto tal cual soy, sin juicio alguno. Esto quiere decir sin usar la razón, únicamente aceptándome y tomándome tal cual soy, como un ser de luz, un ser de amor.

Esta es, definitivamente, una práctica poco común; sin embargo, es posible llevarla a cabo y manifestarla en nuestra vida. Cuando no uso juicios para vivir o para describirme, entonces puedo manifestar mi verdadera esencia. Cuando no acepto juicios propios, entonces tampoco acepto juicios externos.

La realidad es que no existe tal cosa como «juicio externo». Si nos ponemos a pensarlo bien, «un juicio externo» no es más que una idea propia.

«Yo creo que si hago esto o aquello, fulano o mengano se va a molestar porque bla bla bla...» o «qué molesta está zutana por eso que yo hice...».

Realmente todo forma parte de un diálogo interno y no externo. La manera en la que interpretamos lo que sucede a nuestro alrededor y en nuestro mundo no es más que parte de un diálogo interno.

El hecho de pensar que mis palabras o actos pueden afectar (fíjate que digo afectar y no influir, que es muy diferente) la vida de las demás personas, o que las palabras y actos de los demás pueden afectar mi vida no es más que una idea que nace del miedo, el ego y el estado de separación. Sin embargo, vivimos ya tan acostumbrados a este estado de separación y miedo que nos resulta lógico, normal y hasta obvio pensar que nuestra vida emocional es una consecuencia de todos los factores que nos rodean y, por lo tanto, así también lo son nuestros resultados.

Cuando te digo que vivir desde el amor suprime todos los juicios me refiero a que no hay idea, factor o circunstancia externa que pueda alterar, afectar o modificar mi estado interno original: un estado de paz, felicidad y por supuesto amor.

Por eso el amor se manifiesta siempre a través de la conexión, y en primera instancia la conexión que tenemos con nosotros mismos, pero nosotros mismos en un nivel profundo y genuino, nuestra verdadera esencia, perfecta y completamente llena de esto que llamamos vida.

Así que el camino es relativamente simple de explicar: voy a suprimir todos los juicios que provocan en mí un estado de separación para conectar con mi esencia, regresar a mi estado original y comenzar a vivir desde el amor. En otras palabras, voy a desaprender las ideas y eliminar las prácticas basadas en el ego que tanto me han alejado de mi verdadero ser y mi verdadera forma de manifestarme: a través del amor.

Y cuando hablo de regresar a nuestro estado original, me refiero a un estado de consciencia. Esto es tan importante porque la consciencia es la encargada de interpretar el mundo que nos rodea, y la manera de hacerlo es a través de nuestras emociones. Realmente no interpretamos el mundo con la razón, la verdad es que lo hacemos a través de las emociones.

Todo el crecimiento y aprendizaje que hemos tenido no es más que la asociación de conceptos, palabras, sonidos, actos, imágenes y cualquier otro tipo de referencias con emociones. Por eso somos seres cien por ciento emocionales y por eso es que el amor tiene un impacto directo e inmediato en nuestras emociones. Realmente sentimos el amor, lo *vivimos*, no lo razonamos.

Cuando podemos sentir algo, también podemos decir que lo vivimos. No podemos decir que vivimos lo que razonamos, pero sí lo que sentimos, y esto es precisamente por la naturaleza que tenemos que es cien por ciento emocional.

Cuando aprendemos algo lo hacemos porque vivimos una experiencia y no tanto porque razonamos o entendemos. De hecho, el entendimiento o esclarecimiento se manifiesta, o avisa su presencia, en el mundo emocional. Así pues, yo puedo preguntarte: ¿qué vestiste hace diecinueve días?

Seguro tu mente está trabajando muy duro y a menos que hayas tenido una ocasión sumamente importante como una boda o un cumpleaños, te puedo asegurar que *no recuerdas*. Sin embargo, si yo te preguntara: ¿recuerdas tu primer beso, tu primer amor, el nacimiento de tus hijos, o la muerte de un familiar cercano, recuerdas incluso cómo ibas vestido ese día?

La respuesta inmediata es sí, y lo más seguro es que también recuerdes muchos detalles de ese día; entonces ¿cómo recuerdas eso si pasó seguramente hace mucho más de diecinueve días, y no solo lo recuerdas, sino que también forma parte de tu experiencia y de tu historia de vida? Ambas situaciones las viviste a través de tus sentidos, pero solo lo que añade *emoción* queda registrado en el cerebro y marcado como importante o relevante. En otras palabras, solo lo que vivimos a través del corazón, positivo o negativo, queda en nuestra memoria.

Así pues, formamos a través de estas experiencias una creencia poderosísima y sumamente trascendental: nuestra identidad. Esta identidad es la que, por un lado, nos empuja a hacer ciertas cosas, comportarnos de una forma, hablar con cierto vocabulario y cierta entonación, tener determinada clase de amigos, etc., y por otro lado también nos limita de ser más, compartir más, crecer más, inspirar más, llegar a más.

Yo solo te quiero hacer esta pregunta: ¿tu identidad, que es la base de tu vida y tu punto de referencia como ser humano, tu manera de ser, de actuar, de creer, de pensar y de generar, se constituyó y se formó en un inicio con experiencias inspiradas en el amor, en un ambiente perfectamente sano, sin prejuicios o juicios negativos, y siempre y únicamente resaltando y enalteciendo tu grandeza como ser humano?

La respuesta es obvia y triste: *no*. Pero ¿hasta qué punto no? ¿Hasta qué punto esa identidad se formó en un ambiente «regular», promedio o mediocre (por más feo que suene), o hasta qué punto esa identidad ha carecido de una base fuerte y firme al formarse en un medio muy negativo? ¿O hasta qué punto fuimos de cierta manera bendecidos o afortunados al haber tenido una formación excepcional y majestuosa?

Te diré algo fuerte: el noventa por ciento de las personas creen ser parte de este tercer grupo, pero en realidad no lo son. Viviendo desde la unión, el ego no tiene cabida; sin embargo, es el ego el que primero nos dice que nosotros somos la excepción y que nada está mal en nuestra vida o que somos la excepción afortunada, los demás no.

Si somos muy conscientes veremos que no vivimos en un mundo que está acostumbrado a educar a través del amor, sino a través del miedo: castigos, amenazas, violencia, etc., y a pesar de que muchos defienden la postura de que el ser humano es violento por naturaleza, yo defiendo lo contrario: es bondadoso, pacífico y amoroso por naturaleza. Ha sido la creación de una «falsa identidad» la que nos ha hecho pensar lo contrario, y mientras sigamos educando, pensando y creciendo con las ideas antiguas vamos a seguir viviendo y viendo esta «separación» manifestada en el mundo.

No quiero hacer pensar que una vida de unión y de amor es únicamente una vida maravillosa en donde solo se puede vivir y experimentar emociones positivas. De hecho, el término positivo existe porque existe el negativo.

Vivimos en un mundo de contrastes y son estos los que le dan valor y sentido a esta experiencia que llamamos vida. Sin embargo, entre los contrastes están los preponderantes y los escasos en nuestra vida. Parte de poder vivir en el amor es no haber vivido en él, pero desde tu grandeza y de manera consciente eres tan poderoso como para poder decidir qué vas a permitir que rija tu vida. Cuáles serán las leyes, las normas y sobre todo las realidades emocionales que van a dominar tu vida, y una vez conociendo la escala de grises podrás determinar cuánto blanco o negro decides tener de manera consciente. Y esta es precisamente una decisión.

Qué bello y hermoso es cuando decidimos dedicar una vida al amor y a la grandeza. ¿Cuál es el primer paso?: el autoconocimiento. Reconocernos tal cual somos, y aceptarnos. Pero realmente *tal cual somos*, no tal cual pensamos que somos, no tal cual nos dicen que somos, sino tal cual somos. Y hay una gran diferencia entre lo que sentimos y lo que somos, son dos cosas totalmente diferentes. Lo que aceptamos que somos (como parte fundamental de nuestra identidad) es muy importante y relevante, y constituye el pilar de nuestra realidad. Sin embargo, es diferente a lo que vivimos emocionalmente. A medida que seamos más y más conscientes de nuestra verdadera naturaleza, seremos más y más conscientes de nuestra realidad emocional y, por lo tanto, de nuestra interpretación de la vida.

Por eso el secreto de la felicidad es la decisión consciente de nuestra vida emocional. No debemos forzar nuestra realidad emocional porque obligarnos a querer sentir de una manera es como pedirle peras al olmo: imposible. Por eso este trabajo es de mucha madurez, mucha consciencia y sobre todo mucha paciencia. Forzar siempre va en contra de la naturaleza del ser humano. La alternativa es: primero me acepto así tal cual soy y reconozco mi verdadera naturaleza. Ahora ya puedo amarme desde mi grandeza, y desde mi consciencia tomo la mejor decisión para mí.

Y así es como poco a poco la vida se va tornando consciente. Por eso una vida de amor es una vida consciente y una vida consciente es una vida de amor.

Si desde el amor me reconozco, entonces me acepto y si me acepto porque me amo, entonces me renuevo. *Renovar* significa «volver a ser nuevo», y no es cambiar, sino regresar o reconectar con mi verdadera esencia, la cual tal vez había quedado olvidada.

Así pues, tomar la decisión de vivir desde el amor, desde mi perspectiva, es la decisión más sabia y hermosa que cualquier ser humano puede tomar. En sí el amor ya es un milagro y este milagro es el que comenzará a llevar nuestra vida al siguiente nivel regalándonos más y más milagros, ninguno con mayor o menor importancia que el otro, pero el primero de todos es el milagro de una vida consciente, un hermoso milagro de amor.

PREGUNTAS PARA LA REFLEXIÓN

1. ¿Soy consciente de que la calidad de mi vida es la calidad de mis emociones?

    _____

    _____

    _____

    _____

2. ¿Con qué calidad emocional he estado acostumbrado a interpretar mi mundo?

    _____

    _____

    _____

    _____

3. Vivimos en un mundo de decisiones. Son nuestras decisiones las que le dan forma y sentido a nuestra vida, así que escribe cuáles son las cinco decisiones más importantes que le han dado forma a tu vida y te han traído hasta donde estás hoy. (Ojo, no necesariamente son decisiones positivas, tal vez hay ciertas situaciones con las cuales no estás conforme.)

    a) _____

    b) _____

    c) _____

    d) _____

    e) _____

4. Para comenzar el viaje del autoconocimiento es importante preguntarme: ¿cómo puedo describirme, qué características generales tengo como ser humano?

_____

_____

_____

_____

5. ¿Qué me gusta de mí?

_____

_____

_____

_____

6. ¿Qué no me gusta de mí?

_____

_____

_____

_____

7. Un ejercicio muy importante que podemos comenzar a hacer es monitorear nuestra realidad emocional. ¿Qué tipo de emociones presento con mayor frecuencia? ¿Hasta qué punto soy consciente de ellas?

_____

_____

_____

_____

Capítulo 2

EL MILAGRO DE UNA VIDA CONSCIENTE

El segundo milagro del amor es el de la vida consciente. Una vida consciente es una vida con propósito. Cuando vivimos en el amor, las cosas no suceden porque sí, todo tiene un propósito dentro de un plan perfecto, un plan milagroso que solo puede ser manifestado desde el amor.

Tener una vida con propósito es tener una vida consciente. Es reconocernos como seres perfectos, como una creación divina y, por lo tanto, como una creación de amor. El amor es nuestra naturaleza y nuestra fuente, y por eso cuando somos conscientes de ello comenzamos a manifestar conscientemente más amor en todos los aspectos de nuestra vida. La consciencia es el elemento más importante del ser humano, este milagro es el que nos permite reconocernos como seres humanos, seres de amor y de abundancia. Es el milagro que le da vida a estas palabras en tu mente y las traduce en emociones y en inspiración.

Cuando dejamos el amor de lado comenzamos a vivir desde el ego. Entonces nuestras acciones, nuestras palabras y toda nuestra vida se tornan catastróficas, se tornan inconscientes e inconsistentes, y la razón es que dejamos de tener consciencia acerca de quiénes realmente somos y cuál es nuestro verdadero papel para desempeñar en esta vida.

La respuesta es que venimos a trascender y dejar una huella, y los únicos actos o hechos que perduran al paso del tiempo son aquellos que nacen del amor porque el amor es lo único eterno en este mundo y en esta vida. Cualquier cosa que hagamos será olvidada y con el pasar de los años finalmente borrada, excepto aquello que trasciende, aquello que está hecho con amor.

Esa es la razón por la cual el amor deja huellas en los corazones y en la vida de las personas.

Seamos entonces seres inmortales, seamos seres conscientes, seamos entonces guerreros de amor.

Llevar una vida consciente desde el amor significa que absolutamente todo lo que hago afecta o incluye a todos los seres en este planeta. Desde lo que digo y cómo lo digo, hasta lo que hago y cómo lo hago.

Uno de los grandes problemas en nuestra sociedad es que no vivimos una vida consciente sino todo lo contrario. Creemos que somos seres aislados y, por lo tanto, al haber tantos, mis actos no repercuten en nada ante la totalidad de las personas. No son nada, una basura tirada en la calle, una grosería, un gesto malo... en fin, todo el mundo lo hace y uno más no representa la diferencia en la gran escala.

Pero te digo que *uno más hace toda la diferencia*. Esa es la mentalidad que debemos desarrollar. Uno más o uno menos hace *toda la diferencia*. Un gesto de amabilidad más hace toda la diferencia para la persona que lo recibe; una basura más en la calle hace toda la diferencia para aquel que la pisa o para el que tiene que destapar la coladera (sumidero). Una sonrisa más hace toda la diferencia en quien la recibe y en quien la emite. *Uno más o uno menos hace toda la diferencia* en nuestra vida cuando realmente se refleja en todo lo que hacemos y, por lo tanto, en todo lo que somos y aportamos al mundo. Y la grandeza del ser humano se encuentra en la falta o en la acumulación constante de esos pequeños milagros, de esos pequeños momentos que marcan la diferencia en la vida de las personas.

¿Quieres marcar una diferencia en tu vida? Marca la diferencia en la vida de alguien más.

SÉ CONSCIENTE DE LO PEQUEÑO

Nos han acostumbrado a pensar que la grandeza se construye con grandes hazañas, los grandes negocios y las grandes victorias o los grandes reconocimientos; sin embargo, no nos explican que las grandes hazañas no son más que el resultado de la acumulación de pequeñas decisiones que nos llevan a pequeñas pero constantes acciones y son las decisiones que valen la pena.

Aquellas decisiones que nos hacen crecer son muchas veces las decisiones más difíciles de tomar. Debemos decidir dejar una vida de separación y acercarnos cada vez más a una vida de unión. Es entonces cuando la humildad entra en juego, y decidir dejar el ego a un lado, por más sencillo que suene en muchas personas, resulta sumamente difícil y doloroso. Otra de las razones por las cuales las personas no cambian es porque las decisiones pequeñas son aparentemente insignificantes y, por lo tanto, desvalorizadas por la mayoría de las personas. Es entonces más fácil sucumbir al placer de un ratito más en la cama que tomar la pequeña decisión de levantarse temprano para ir a hacer ejercicio o leer un libro que aporte herramientas valiosas a nuestra vida; comer un rico postre todos los días o disfrutar de una comida poco saludable en vez de reaprender a comer de la manera más sana y conveniente para la naturaleza, para el mundo y para los seres humanos.

Recuerda que lo que más le conviene al mundo es lo que más le conviene a los seres humanos y viceversa, lo que más le conviene a los seres humanos es lo que más le conviene al mundo. Pero lo que *realmente* conviene es aquello que es sostenible y sustentable a largo plazo, aquello que beneficia a todos los involucrados desde el inicio hasta el final. Desde esta perspectiva podemos analizar cuántas cosas hacemos que en el fondo nos están dañando y están dañando todo lo que nos rodea. Así pues, desde nuestra ignorancia buscamos el placer y la recompensa inmediata, y tomamos el camino «más fácil».

La desidia es más fácil que el esfuerzo continuo.

La pereza es más fácil que la acción inmediata.

La ignorancia es cómoda y más fácil que el aprendizaje y la reflexión.

El pesimismo es más fácil que encontrar el lado bueno de las cosas.

Asumir el papel de víctima es más fácil que la responsabilidad.

Justificarse es más fácil que asumir las consecuencias de nuestros actos.

Desvalorizar la información y los sucesos importantes es más fácil que valorar todo lo bueno que tenemos.

Minimizar nuestros errores y defectos es más fácil que cambiarlos.

Cambiar de parecer de repente es más fácil que ser constantes en nuestras decisiones.

Hacer caso de todo lo que se dice sin cuestionar más allá es más fácil que la reflexión y el cuestionamiento positivo.

Ser una persona mediocre es siempre más fácil. Sin embargo, eso no implica que ser lo contrario no sea fácil. De hecho, el término *fácil* está asociado a «algo, cosa o situación que todas las personas pueden hacer», y por lo tanto, pagar el precio por vivir desde el amor, tener una vida de grandeza y crecimiento continuo es fácil: absolutamente todos lo podemos hacer. El tema no es que sea fácil o no... El problema serio es que lo opuesto es *más fácil*. Y la gran mayoría de los seres humanos, al ser educados desde el miedo aprenden a tomar siempre el camino del menor esfuerzo, el más fácil.

Se requiere, por lo tanto, de un esfuerzo que no tiene nada que ver con la inteligencia, con la preparación ni con la educación a la que estamos acostumbrados. Se requiere preparación emocional y de alta consciencia para acercarnos cada vez más a la toma de decisiones que realmente genera un cambio en nuestra vida. La toma de decisiones desde el amor y desde una perspectiva consciente, aunque no sea el camino más fácil.

GENERA DESAPEGO

Esto implica, por supuesto, que generemos algo conocido como desapego. Los seres humanos aprendemos a través del apego. Generamos vínculos emocionales con objetos, personas y situaciones que al mismo tiempo nos van definiendo como personas y seres humanos. Cuando hablamos de nuestra vida lo que contamos es nuestra experiencia o las experiencias que más nos han marcado.

En los eventos y seminarios que doy frecuentemente hago la siguiente pregunta: ¿recuerdas en dónde estabas y qué estabas haciendo en un momento histórico importante? Por ejemplo, durante el temblor de la Ciudad de México en 1985, o la caída de las Torres Gemelas, o el nacimiento de tu hijo, o la muerte de un familiar o amigo muy cercano. Sin falla todas las personas recuerdan perfectamente bien qué estaban haciendo y todo lo que estaba sucediendo alrededor. Además, esa experiencia muchas veces forma parte importante de sus vidas, de algo que aprendieron, o algo que quedó marcado muy profundamente en sus vidas, o decisiones importantes que tomaron a raíz de ese evento. Hay personas que incluso recuerdan lo que llevaban puesto y hasta las conversaciones que tuvieron antes o después de dicho evento.

La razón por la que todos recuerdan esos sucesos es que los seres humanos aprendemos a través de las experiencias, no de las palabras, no de los dibujos, no de lo que escuchamos, no de lo que vemos; aprendemos a través de las *experiencias* porque nuestra vida la contamos a través de nuestras experiencias más importantes. No estoy diciendo que los elementos gráficos, sonoros o sensoriales no forman parte fundamental del aprendizaje. Pueden ser herramientas muy buenas y útiles para aprender, pero lo que realmente conforma la experiencia humana, la identidad y todas las demás creencias son los momentos que vivimos y que más quedan guardados en nosotros mismos. Y esto es un arma muy poderosa, un arma de doble filo, ya que en un momento de nuestra vida llegamos a creer que somos las actitudes que nos han descrito a lo largo de la misma, aquellas actitudes que tenemos muy arraigadas por las experiencias que hemos vivido.

En otras palabras, pensamos que somos hoy el producto de todo lo que hemos vivido o experimentado ayer, y las etiquetas o los calificativos (o descalificativos) ante los cuales nos relacionamos por dichas experiencias o dichos momentos. Cuando logramos un resultado muy favorable entonces nos catalogamos como «buenos» o «muy buenos» para dicha tarea o actividad, y luego asumimos dichos elementos como parte de nuestra identidad:

«Tú eres una persona muy buena».

«Tú eres un flojo».

«Tú eres inteligente».

«Tú eres tonto».

«Tú eres maravillosa».

«Tú eres gordo y feo».

«Tú tienes un carisma increíble», etc.

Cuando estamos creciendo vamos viviendo esas experiencias que van definiendo nuestra identidad, y es precisamente esa identidad, esa creencia que tienes con respecto a quién eres, cuánto vales, cuánto mereces, qué necesitas, lo que determina y define tu vida, tus resultados, tus valores, tu calidad de vida, tu forma de pensar, actuar, vivir...

Por eso una de mis frases favoritas es un resumen de las enseñanzas del doctor Wayne Dyer que dice: «Tu vida cambia cuando cambia la consciencia que tienes sobre ti mismo».[1] ¡Qué sabias palabras, qué palabras tan maravillosas, qué palabras tan estupendas y con tanta sabiduría! Esas palabras esconden, desde mi parecer, la clave y el secreto de una vida extraordinaria y llena de milagros.

Te voy a contar una leyenda fascinante y, según mi punto de vista, también milagrosa. Me entenderás perfectamente.

Uno de los grandes maestros y artistas del cual tenemos el privilegio de haber recibido un legado fascinante es Miguel Ángel Buonarroti. Entre sus más grandes obras de arte hay dos sumamente reconocidas: los frescos de la Capilla Sixtina y el David que yace en la Galería de la Academia, en Florencia, Italia.

El David, majestuosa escultura en mármol, retrata a un personaje bíblico, David, en un momento increíble de su historia: el momento antes de enfrentar a Goliat.

En la historia, David ya había vencido anteriormente a un león y a un oso. Los había perseguido y matado para proteger a sus ovejas, ya que él era un pastor. Por lo tanto, él tenía algo sumamente poderoso: una referencia de victoria. Él ya creía y sabía que era capaz de derrotar a una bestia. Esa idea ya formaba parte de su identidad y, por lo tanto, se creía capaz de vencer a Goliat.

Sin embargo, la maravilla de la historia es que antes de que el David fuese esculpido formaba parte de un inmenso bloque de mármol. Ese bloque estaba destinado a ser dividido en pedazos más pequeños, y habían dicho que no serviría para hacer una escultura. La razón es que tenía una enorme rajadura que iba de la mitad del bloque hacia abajo.

Se cuenta que poco antes de desecharlo, Miguel Ángel lo vio y dijo: «Yo lo quiero», a lo cual le respondieron: «¿Para qué? Con ese bloque no puedes esculpir nada».

Sin hacer caso a esas palabras necias él reiteró: «Yo quiero ese bloque de mármol». Sin embargo, todas las personas creyeron que había perdido completamente la cabeza puesto que no comprendían cómo iba a estar dispuesto a pagar por un bloque roto de mármol. Todo el mundo decía que lo mejor era que el bloque fuese dividido en pedazos más pequeños para hacer varias esculturas pequeñas.

Yo quiero que imagines que hace más de quinientos años, en 1501, cuando Miguel Ángel adquirió el bloque de mármol era sumamente difícil y complicado extraer bloques tan grandes de dicha piedra delicada. Hoy en día con toda la tecnología es mucho más fácil, pero hace quinientos años no solo era difícil sino muy peligroso.

Sin embargo, Miguel Ángel tenía una visión y también amor y fe en ella. Así fue como, a pesar de todas las críticas, adquirió el bloque de mármol y tres años después, en 1504, terminó de esculpir al David. Las personas que le habían dado el bloque quedaron atónitas cuando tres años después el David estuvo terminado. Ellas preguntaron: «¿Pero cómo es posible, si ese bloque de mármol estaba roto? Seguramente lo cambiaste por otro», y Miguel Ángel respondió: «Es exactamente el mismo, el bloque era perfecto y, por lo tanto, no necesité cambiar absolutamente nada».

Todas las personas estaban incrédulas y perplejas. Miguel Ángel añadió: «Mientras ustedes veían un bloque de mármol roto, yo veía la grandiosa y majestuosa escultura que ya se encontraba ahí dentro. Lo único que hice fue quitarle todas las sobras que impedían que lo pudiéramos apreciar, y en cuanto a la rajadura, era solo aquello que dividía sus piernas».

Aunque sea ficticia la anécdota, yo creo que tú y yo no somos diferentes al David, somos obras de arte, venimos a ser y hacer cosas grandiosas, solo basta *descubrir* esa grandeza y perfección que *ya* está dentro de nosotros mismos. Y nuestro trabajo es precisamente ese, quitar todas las sobras que impiden que esa hermosa obra de arte reluzca en todo su esplendor.

Es por eso que para mí este es uno de los milagros más importantes del amor. El milagro de una vida *consciente*. Y una vida consciente comienza con ser consciente primero de lo primero, y lo primero somos nosotros. Como seres, como especie, como personas con nombre y apellido, y con todo el maravilloso potencial que llevamos dentro.

¿QUIÉN ERES?

La pregunta obligada es entonces: ¿quién eres? Y la respuesta que tú des a esta pregunta te va a dar la respuesta a la pregunta del millón de dólares: ¿por qué tengo la vida que tengo?

Tenemos la vida que tenemos porque creemos ser quienes creemos ser.

Y la respuesta ante lo que creemos ser varía mucho dependiendo de en qué estado preguntemos. Varía mucho dependiendo del nivel de consciencia que tengamos.

Esta pregunta que probablemente nunca nadie te había hecho y que desde mi parecer debería ser la primera que nos hicieran en primaria, nos genera un conflicto importante. Nuestro ego comienza a dar gritos y a buscar respuestas, y racionalmente nos es difícil encontrar una definición o respuesta apropiada.

Sin embargo, ¿eres acaso aquello que los demás piensan que eres? ¿Puedes pensar en todo lo que piensan los demás respecto a ti y creer que eres eso? La respuesta es obvia: *no*. No somos aquello que los demás piensan que somos. Es literalmente imposible. Porque si les preguntamos a cien personas diferentes quiénes somos, entonces obtendremos cien respuestas diferentes y nos volveríamos locos intentando encajar con todas las definiciones. Es imposible.

Por otro lado, ¿cuántas veces en nuestra vida hemos intentado encajar en las definiciones de las demás personas? Y como te decía anteriormente, es importante adoptar definiciones para aprender, y el apego nos sirve para crecer, pero después nos limita para seguir creciendo internamente. Cuando no tenemos claridad ante esta pregunta: ¿quién soy o quiénes somos?, adoptamos cualquier definición, y viviendo desde el ego buscamos la aprobación de la mayor cantidad de personas, es por eso que muchos adolescentes y muchas personas caen en vicios muy negativos: quieren encajar. Quieren tener una definición y resolver el conflicto que les genera no saber quiénes son ni cuál es su propósito.

La siguiente pregunta es entonces: ¿si no eres lo que los demás creen que eres, eres lo que tú crees que eres?

Y esta pregunta es todavía más profunda que la anterior porque aquí sí se contemplan las definiciones y las limitantes que hemos ido adoptando a lo largo de nuestra vida. ¿Somos lo que creemos que somos? Yo, después de muchos entrenamientos y conferencias en los que he tenido la oportunidad de estar con miles de personas, he concluido que no. Tampoco somos lo que creemos que somos, *pero* únicamente podemos alcanzar, proyectar, y vivir la vida de la persona que creemos que somos. Suena irónico pero es cierto, y en la medida que la imagen, idea o consciencia que tenemos respecto a esta idea cambia, nuestra vida se va transformando.

La tercera pregunta y la más importante de todas es: ¿quiénes somos realmente?

No somos aquello que los demás creen, tampoco somos aquello que nosotros creemos, entonces ¿quiénes somos en realidad?

Esta es una de las preguntas más difíciles de responder no porque la respuesta sea difícil, sino porque entender la respuesta y realmente comenzar a vivir bajo ese estándar requiere mucho trabajo y crecimiento personal.

La realidad es que somos seres de amor puesto que hemos sido creados por el amor para amar. Sin embargo, vamos mucho más allá que el amor. Si podemos compararnos los unos con los otros, todos los seres humanos de la Tierra vamos a encontrar ciertas cosas sumamente fascinantes. La primera de ellas, y la más sorprendente, es que aunque analicemos a gemelos no vamos a encontrar *nunca* a dos seres humanos iguales. Es imposible. Simplemente no los encontraremos. Tú y yo somos seres únicos. Si seguimos analizando veremos también que no hay tanta diferencia entre nosotros. De hecho, a nivel genético, lo que nos diferencia es prácticamente nada. Y desde un punto de vista biológico, físico, espiritual, etc. no tenemos mucha diferencia. Somos prácticamente iguales. Sí hay unos más altos que otros, con tez y ojos de distintos colores. Sin embargo, lo que nos hace ser seres humanos es igual en todos.

El mismo ejemplo te lo puedo poner si te enseño una bolsa llena de semillas y te pregunto: ¿cuál de todas ellas no funciona o está mal hecha? La pregunta en sí es ridícula. No tiene fundamento realizar una pregunta así puesto que todas las semillas son perfectamente funcionales, ninguna tiene ningún fallo o imperfección. Todas pueden convertirse en aquello para lo que fueron hechas, todas pueden alcanzar su máximo y verdadero potencial viviendo en el estado y en el ambiente correcto. Claro está, necesitan el agua, la tierra, los minerales y nutrientes, la temperatura correcta y el sol. Esas son las condiciones para que esa semilla perfecta se desarrolle y crezca a su máximo potencial. Nunca dudamos de la capacidad de la semilla, dudamos de que las condiciones sean propicias o adecuadas. Y si sembramos una semilla y la planta no crece bien, no vamos a cuestionar nunca si lo que estuvo mal fue la semilla. Todo lo contrario, nos pondríamos a analizar si las condiciones, o sea todo lo demás, era lo adecuado para que ella se desarrollara y creciera a su máximo potencial. Bueno, exactamente de la misma manera sucede con los seres humanos.

¿Si tuvieras frente a ti en este mismo instante a una semillita de manzana, qué le dirías?

Honestamente, ¿cuál sería tu diálogo con ella? Suponiendo que pudiera hablar, claro está.

¿Y qué le dirías a la semillita si ella te dijera que vino al mundo a ser semilla y que por lo tanto es semilla, que si hubiera venido con otro propósito, entonces hubiera nacido otra cosa? ¿Cómo la intentarías convencer de que su verdadera naturaleza tiene un potencial infinito?

¿Qué pasaría si la semillita te dijera que en la comuna de semillas, ahí, de donde ella viene, está prohibido tocar tierra, agua y aceptar ideas nuevas? ¿Cómo defenderías tus argumentos, si tú y yo sabemos que justo eso es lo que ella necesita para crecer y desarrollarse?

¿Cómo te sentirías si la semillita te dijera que quiere evitar todo ello porque literalmente tiene mucho miedo de estar «en el hoyo» y que las semillas que se van al hoyo y viven experiencias muy oscuras y dolorosas nunca más regresan?

¿Sabes?, en un punto creo que tú y yo podemos entender el miedo que pudiese sentir esa semillita, después de todo es su vida y ella no ha vivido nunca una transformación importante.

Ahora te pregunto: ¿realmente hay mucha diferencia entre tú y la semillita de manzana?

La semillita vino a convertirse en un árbol hermoso y dar frutos. Para crecer tiene que transformarse y aceptar su verdadera naturaleza, necesita los elementos adecuados en su ambiente, como la tierra, el agua, los nutrientes, etc. Cuando ella quiere salir de la tierra oscura, lo primero que comienza a suceder es que crece... pero hacia abajo: está comenzando a echar raíz. Finalmente y después de un gran esfuerzo en su proceso ininterrumpido sale de la tierra y comienza a alimentarse también del sol. Con el tiempo crece y se convierte en un árbol hermoso que da frutos de manera desmedida.

¿Sabes algo? Tú y yo podemos contar cuántas semillas hay en una manzana, pero no podemos contar cuántas manzanas provienen de una semilla.

¿Encuentras una diferencia real entre una semilla y tú?

Somos iguales que las semillas, todos tenemos un potencial infinito, pero ese potencial está limitado por la idea o la definición que tenemos con respecto a nosotros mismos, a quiénes somos, cuánto valemos y qué merecemos en la vida. Las semillas estuvieron hechas para crecer en tierra, con agua, nutrientes, minerales y sol; nosotros estamos hechos para crecer y desarrollarnos en un ambiente de amor. Por más cursi que suene es así. El alimento más importante de un ser humano es aquel que alimenta su espíritu y le da fuerzas desde su esencia, y el alimento más poderoso que existe en ese sentido es el amor. No hay otro más poderoso, nunca lo ha habido y nunca lo habrá.

Al ser iguales que cualquier otra creación que existe en la naturaleza podemos afirmar algo: no nos hace falta nada en nuestro diseño, en nuestra esencia o en nuestro ser para desarrollarnos y crecer a nuestro máximo y verdadero potencial. Como las semillas, somos seres *perfectos* y dentro de nosotros tenemos absolutamente todo lo que necesitamos. No obstante, la definición que hemos aprendido a adoptar de nuestra identidad no está basada en nuestra verdadera esencia como seres perfectos, sino en las actitudes que nos definen y etiquetan. En otras palabras, nuestro carácter o nuestra personalidad. Creemos que somos una personalidad, y aprendemos a hablar de las personas a través de la definición de sus personalidades:

«Renato es un hombre muy valiente».

«Amy es una mujer brillante y hermosa».

«Gabriel siempre hace las cosas bien, es muy honesto».

«Nara es increíblemente amorosa».

Pero también...

«Joaquín es un flojo».

«Torcuato es una persona muy quejumbrosa, nadie lo aguanta».

«Eusterio es demasiado terco, nunca entiende».

Cuando hacemos esto limitamos la esencia y la grandeza de las personas. Cuando nos aceptamos a través de nuestras actitudes nos limitamos ante esas mismas actitudes y lo que ellas sean capaces (según nuestras creencias) de realizar.

No puedes hacer más ni alcanzar más que la definición que tienes sobre ti mismo.

Tómate un segundo para reflexionar y escribe en estas líneas ¿cuál ha sido la definición que has aceptado de ti, con todo y las características positivas o negativas?

¿Te das cuenta de cómo a lo largo de tu vida esas mismas definiciones han sido también tus limitaciones?

El problema o el reto es que hemos aceptado una idea falsa de nosotros mismos y, peor aún, la hemos reforzado una y otra y otra y otra y otra vez, de tal manera que hemos creído con cada célula de nuestro ser aquella idea falsa respecto a nuestra identidad.

Por eso digo que tú no eres tus actitudes. Tus actitudes sacan una parte de ti, pueden sacar lo mejor o lo peor de lo que eres capaz de *crear*. Sin embargo, todo lo que haces en tu vida es una creación extraordinaria de tu ser. Sea bueno o malo, todo el tiempo estás creando a través de tu herramienta más poderosa: *tu actitud.* Y aquello que creamos es igualmente importante. Una vez que nos definimos como creadores conscientes de nuestra realidad cuando vivimos el milagro del poder creador, entonces podemos identificar nuestra vida como un reflejo de nosotros mismos. *Siempre, siempre, siempre.* Mi vida es un reflejo de mí y no al revés: yo no soy un reflejo o una consecuencia de mi vida.

Esto no significa que seamos magos y que con una varita mágica podamos estar creando absolutamente todo. Pero sí significa dos cosas extraordinariamente importantes:

1. *Únicamente podemos ver lo que tenemos dentro de nosotros mismos.* Esto quiere decir que cuando estamos viviendo bajo un estado de estrés, llenos de problemas y conflictos, en un estado de miedo, cualquier situación que surja en nuestra vida va a ser interpretada bajo esta emoción. Y este es un punto muy importante. Los seres humanos no interpretamos la vida a través de la razón, la interpretamos a través de nuestras emociones. El cien por ciento de las veces. Por más que no creamos que sea así.

Puedo asegurarte que has tenido momentos en tu vida en los cuales has recibido noticias que no son aparentemente buenas, pero si has tenido un día extraordinario o si estás enamorado, has enfrentado la situación de una manera extraordinaria. No te pesó en lo absoluto, te sentiste tranquilo y con mucha emoción y energía positiva al momento de enfrentar el reto. Y esto nos sucede porque la interpretación de nuestra realidad en ese momento, en el momento en que se recibe la noticia, fue realizada a través de un estado muy positivo.

Seguramente te ha sucedido todo lo contrario. Has tenido un día deprimente, lleno de problemas, conflictos y roces con distintas personas. Y justo ese día una persona que amas te dio una noticia extraordinaria que en otro momento te hubiese puesto muy feliz. No obstante, en ese momento tu respuesta fue hasta arrogante para con la persona que te dio la noticia. Y eso tiene que ver no con la situación per se, sino con la emoción con la cual la situación fue interpretada.

Esto nos lleva a la conclusión de que, en primer lugar, los seres humanos vemos siempre la vida a través de un lente emocional, independientemente de cuánta razón utilicemos para explicar lo sucedido y, en segundo lugar, que los eventos en la vida, el mundo y el universo como tal no son más que eventos neutros. Los eventos como tal no tienen interpretación o significado por sí solos. Todo cobra relevancia cuando es interpretado por nosotros.

2. *Atracción o generación: nuestra vida es un reflejo de nosotros mismos.* Solo podemos vivir y obtener aquello que tenemos dentro. Cuando la gente habla de la ley de la atracción, lo que está diciendo, independientemente del efecto físico vibratorio que argumentan, el cual no voy a discutir en este libro, es que únicamente podemos ver las oportunidades, las personas y las situaciones que estamos *buscando* o intentando *encontrar*, y son precisamente las que se refieren al estado emocional en el cual estamos viviendo.

Me encanta la frase famosa: «El que busca, encuentra», es muy cierta, aunque yo le he hecho una pequeña adecuación: «El que sale a buscar, busca, y el que sale a encontrar, encuentra». Esto no es otra cosa más que la actitud de la que estábamos hablando antes. Cuando nuestro enfoque está en buscar, nos la vamos a pasar buscando; sin embargo, cuando nuestra actitud es hacia generar, hacia encontrar, hacia realizarnos y hacer que las cosas sucedan, entonces todo eso va a suceder. Y todo se inicia con el planteamiento primario que tenemos, con la idea con la cual realizamos las cosas. Para mí eso es la ley de la atracción o generación. Si la idea que tengo desde un inicio es una idea empoderante, inspiradora, milagrosa, me voy a topar con ese tipo de situaciones empoderantes, inspiradores y milagrosas. Y cuando digo que me voy a topar con ellas, lo que estoy diciendo es que mi cerebro va a encontrar las referencias en mi «mundo externo» de lo que para mí significan esas emociones y voy a interpretarlas de esa manera en mi vida. Por eso para mí la ley de la atracción también podría llamarse la ley de la generación o de la creación.

Si quieres algo distinto en tu vida, géneralo primero dentro de ti y sobre todo dentro de tu espectro emocional. Debes estar listo para poder apreciar y recibir los milagros maravillosos que se te presenten en la vida. El que no está listo emocionalmente, simplemente no está listo, y por más que haya oportunidades maravillosas no serán apreciadas y ni siquiera vistas porque no caben dentro de una realidad emocional.

Ahora la pregunta del millón de dólares es: ¿cómo me alisto emocionalmente para recibir los milagros del amor en mi vida? Y la respuesta del millón de dólares es extremadamente sencilla: *decidiendo* y poniendo todo en práctica. No te preocupes, a lo largo de este libro iremos poniendo en práctica varios ejercicios que te ayudarán a decidir y comenzar a vivir desde un estado emocional mucho más elevado.

Muchas veces lo importante es regalarnos el tiempo y darnos la oportunidad de tomar esas decisiones con un grado profundo de consciencia en un ambiente adecuado. Es por ello que me fascina realizar conferencias, talleres, entrenamientos y retiros de varios días en los cuales las personas puedan encontrar esas respuestas maravillosas y llevar su vida a niveles que muchas veces ni siquiera habían soñado. Si quisieras formar parte de alguna de estas experiencias, por favor visita nuestra página web[2] y estaremos más que fascinados de tenerte como un miembro más de nuestra familia.

La vida no es tan complicada, simplemente debemos estar conscientes de las decisiones que tomamos y saber que nuestras acciones tienen un poder impresionante para repercutir. Tan impresionante que es hasta milagroso.

La premisa más importante de este milagro y de este capítulo es que entendamos que somos *seres perfectos,* que no nos hace falta absolutamente *nada* y que tenemos *todo* para poder llegar a desarrollarnos hasta nuestro máximo potencial.

Verdaderamente *todo lo que necesito se encuentra dentro de mí ahora.*

Y exactamente lo mismo aplica para ti. Por lo tanto, no somos nuestra actitud. Podemos elegir conscientemente qué actitud tener. Y cuando lo hacemos desde el amor, entonces nuestra actitud hará explotar nuestras capacidades y nuestro potencial hacia el infinito. Cuando adoptamos una actitud amorosa hacia la vida y los problemas, hacia los retos y las personas, entonces nuestra vida comienza a tener una perspectiva milagrosa, una perspectiva en donde todo es posible y donde las barreras y las limitaciones realmente no existen. Vivimos el milagro de la vida consciente.

En primer lugar, aceptamos nuestra verdadera esencia y aprendemos a respetar todos los aspectos, tanto de nuestra vida como de la vida de las demás personas.

Reforcemos entonces lo que es verdaderamente importante: nuestra identidad.

PREGUNTAS PARA LA REFLEXIÓN

1. Después de haber leído este capítulo, ¿quién eres?

   _____

   _____

   _____

   _____

2. ¿Cuánto vales?

   _____

   _____

   _____

   _____

3. ¿Cuál ha sido tu enfoque en el pasado y qué es lo que has estado plasmando/atrayendo en tu vida?

   _____

   _____

   _____

   _____

4. ¿En qué estás comprometido a convertirte para que en tu ser comiencen a reflejarse todas las cosas que deseas? Es importante que no solo describas conceptos como: «una buena persona», sino que escribas qué actividades, pensamientos y hábitos implican convertirte en esa nueva persona.

   _____

   _____

   _____

   _____

Capítulo 3

EL MILAGRO DE LA FE

El milagro que nace de manera natural después de que hemos comenzado a vivir desde el amor y a llevar una vida consciente, es la fe. Y la fe, al igual que el amor, tiene muchas facetas y colores. Sin embargo, el amor es el primer acto de fe y es por eso que únicamente con amor nace la fe.

La primera persona ante la cual tengo fe soy yo mismo, y cuando tengo esa fe en mí me doy cuenta entonces de que en esta vida, en este mundo, no estoy solo, que este plano en el que vivimos es también una creación de amor que nos ha sido dada por una fuente de amor infinita, la fuente original, el punto de partida, el Big Bang o el origen de todo: Dios, tu ser divino o lo que tú quieras llamar como fuente creadora. Yo lo nombro como Dios y es por eso que a partir de este momento lo seguiré describiendo de esa manera a lo largo del libro, sin embargo eso no significa que la forma en que lo llames esté mal sino todo lo contrario. Todos tenemos una manera de referirnos a nuestra fuente creadora y no hay ninguna errónea o equivocada.

Entonces, como somos creación de Dios, de esa fuente infinita de amor, fuente divina, eso nos convierte también en seres divinos y en seres de amor.

Como dice Wayne Dyer: «No podemos ser diferentes a nuestra fuente».[1] Y él lo explica de la siguiente manera: si por un lado tenemos un pastel de manzana y le cortamos una deliciosa rebanada, la ponemos en un plato y ese plato lo llevamos junto con la rebanada a otro lado, ¿qué tenemos en el plato? La respuesta es obvia: pastel de manzana. ¿Y cómo sabemos eso? Bueno pues, porque sabemos que esa rebanada provino de un pastel de manzana. Si conocemos la fuente entonces conocemos también aquello que vino de la fuente.[2]

Las cosas no pueden ser diferentes a su fuente, y si nuestra fuente es una fuente de amor, una fuente divina, entonces no podemos ser diferentes a ella. Somos seres de amor, seres de luz, seres divinos, y reconocer nuestra esencia, acercarnos más a lo que realmente somos nos convierte en seres conscientes pero también en seres poderosos y capaces. Por eso la fe se puede manifestar únicamente en nuestra vida a través del amor, y esta fe despierta todo el potencial que llevamos dentro. Por eso cuando primero soy consciente de mí creo en todo lo que puedo dar y en todo lo que puedo llegar a ser y realizar.

Tener fe significa creer incluso en aquello que no podemos comprobar con la razón, aquello que todavía no podemos ver manifestado en nuestra vida, con la certeza total de que ya es una realidad.

Pensar en el tema de «lo real» o de la realidad puede resultar confuso y complicado, pero es muy simple. La *realidad* no es más que una creencia y como tal una idea. Real es aquello que aceptamos y tomamos como verdadero en nuestra vida. Es por eso que en el mismo mundo, la misma ciudad e incluso la misma casa, dos personas pueden estar viviendo las mismas circunstancias pero dos realidades completamente distintas.

Lo que para mí significa una cosa para ti puede significar otra totalmente distinta. La razón de ello es que nuestra vida no es interpretada a través de la razón o las ideas, sino a través de las emociones. De esta manera lo que en mí provoca una emoción y, por lo tanto, una interpretación maravillosa y grandiosa de la vida o de una situación, en otra persona puede provocar una emoción negativa y destructiva. La interpretación y por ende la calidad de vida de los seres humanos se da y toma lugar en las emociones. Es por eso que el control y manejo emocional resulta clave y crucial en una vida extraordinaria.

El primer lugar donde nace la fe es en nosotros, en nuestro corazón, con la idea de que sí hay algo más en nuestra vida, sí hay algo más grande que nosotros mismos, y el primer acto de fe en nosotros es el acto de fe en nuestro Creador y en nuestro origen: de dónde venimos y de qué estamos realmente hechos. Cuando tenemos fe en Dios estamos teniendo fe en nosotros mismos porque tenemos fe en nuestro origen, ya que lo reconocemos muy profundamente en nosotros mismos. Y ese es un milagro de amor.

Una vez que nace ese primer acto de fe en nuestro corazón, todo lo demás resulta muy sencillo. La vida se torna fácil, se torna milagrosa porque cuando llevamos una vida soportada por la fe llevamos una vida de paz y tranquilidad. El milagro de la fe es poderosísimo porque cuando hay fe no hay preocupaciones. Cuando hay una no pueden existir las otras; cuando hay preocupaciones no puede haber fe. Por eso una vida de fe es una vida desbloqueada y receptiva a todos los demás milagros y bendiciones de los cuales seguiremos hablando en este libro.

Yo pienso en la fe como una palanca enorme. Las palancas facilitan el trabajo de una manera excepcional. La fuerza que tenemos que aplicar para que el resultado llegue es mucho menor. Este es un principio físico y demostrable. Podemos levantar piedras o automóviles que pesan varias toneladas con nuestra fuerza si sabemos utilizar de manera correcta una palanca. De la misma manera la fe funciona como una palanca espiritual y, por consecuencia, emocional y pragmática. Podemos realizar cualquier cosa en nuestra vida con el adecuado apalancamiento. Podemos alcanzar cualquier sueño, ver manifestado cualquier deseo siempre y cuando tengamos las herramientas correctas, y la fe es esa palanca que nos permite un viaje mucho más ameno, fácil y con resultados rápidos y certeros.

Te voy a contar una historia que a mí me cambió la vida. Una historia de pasión, una historia de un cambio de vida, pero sobre todo una historia de fe.

Desde que era muy joven siempre supe que mi vida iba a ser excepcionalmente grande, no sabía cómo, tampoco cuándo, pero muy dentro de mi corazón sabía que había venido a este mundo a crear un gran impacto. Por esa razón siempre quise hacer cosas, tener ideas, crear conceptos y me fascinaba la idea de poder trabajar y ser productivo económicamente. Así que a los catorce años tuve mi primer trabajo repartiendo volantes en los semáforos y en las calles. Me pagaban doscientos pesos al día y eran jornadas largas y desgastantes en las cuales tenía que caminar mucho, pasar mucho tiempo parado y sobre todo respirar aire con mucho esmog de los automóviles de las personas a quienes yo repartía los volantes. Sin embargo, todo ese desgaste valía la pena cada vez que yo recibía los doscientos pesos al final del día, me sentía extasiado: estaba trabajando, creando abundancia por mis propios medios. Recuerdo que en su momento fue de las mejores sensaciones que jamás había experimentado. ¿Puedes recordar la primera vez que te sentiste productivo? Atesoro esos recuerdos con mucho cariño.

Posterior a la repartición de volantes, una maestra se me acercó después de una clase y me comentó que había visto cómo les explicaba un tema a mis compañeros, entonces me ofreció darles clases de regularización a algunos alumnos de grado menor que no iban tan bien en la escuela. Estaba yo en segundo de secundaria, tenía quince años y acepté inmediatamente la encomienda, en la que ganaría cincuenta pesos la hora por persona. Automáticamente empecé a tener más y más alumnos ya que me recomendaban, y comencé a cobrar más y más dinero; al poco tiempo estaba ganando entre mil quinientos y dos mil pesos semanales.

Esa idea de ganar dinero me resultaba cada vez más fascinante. Poco después tuve un accidente vascular: me dio una embolia (esta historia te la contaré más adelante); sin embargo, por ahora puedo decirte que ha sido una de las mejores experiencias de mi vida porque me hizo quitarme una venda enorme de los ojos. Literalmente despertó mi consciencia y me levantó de entre los muertos vivientes.

Seguí creciendo y sobre todo seguí soñando. Tiempo después, cuando tenía dieciocho años, mi hermano me propuso abrir un negocio: una pizzería, yo sería el inversionista y mi hermano la operaría. Sin pensarlo dos veces acepté el gran reto de empresario.

Y ahí me encontraba yo, esperando a mi hermano para la primera junta de negocios en un Sanborns, matando el tiempo en la sección de la librería mientras mi hermano y su esposa llegaban al fascinante encuentro. Y en eso sucedió ese pequeño detalle que cambió mi vida para siempre, ese momento del cual estoy tan agradecido y siempre lo estaré durante toda mi vida.

Tomé un libro azul con el título *El ABC del éxito*. Me había llamado particularmente la atención ese título, pero no porque tenía ganas de leerlo, sino porque no pensaba que una persona me pudiese decir cuál era el ABC del éxito. ¿Qué, acaso me conocía ese tal John C. Maxwell? ¿Acaso sabía cómo era mi vida como para decirme qué camino debía tomar? Yo, joven adulto incrédulo, compré el libro únicamente por curiosidad, para ver qué tanto tenía que decir ese tal escrito.

Cuando terminé de leer ese libro, había quedado completa, total y absolutamente cautivado por y enamorado de la filosofía que encerraban esos principios básicos, claros y simples del liderazgo y el desarrollo humano, y más que eso, había quedado enamorado del autor: John C. Maxwell.

Fue en ese momento que comenzó a gestarse un milagro excepcional, un milagro producido por el amor genuino a aprender de los más grandes, a conocer las herramientas, los patrones de conducta y pensamiento de las personas más grandiosas e influyentes del mundo, de los número uno del mundo, un milagro de fe.

Me dije con total fe, total certeza: «Algún día voy a conocer a este señor John C. Maxwell».

Ahí se inició este sueño producto de una fe absoluta y quiero que veas cómo este milagro de amor trae consigo más milagros en nuestra vida. Recuerda que un milagro no es nada sobrenatural, no es nada mágico, simplemente es ver manifestado aquello que antes era o parecía imposible, en otras palabras, hacer posible lo imposible y eso sucede cuando como seres humanos comenzamos a creer en la posibilidad de lo imposible.

Ese fue mi momento, cuando comencé a visualizarme con él: ¿qué le diría, cómo sería, qué aprendería, cuáles son sus principios básicos, sus hábitos y patrones de conducta y pensamiento, qué lo ha hecho ser el número uno, cómo ha llegado a asesorar a presidentes y directores de las compañías más grandes e influyentes en el mundo?

Pasaron un par de años, pero mi sueño y la fe en que algún día yo conocería a tal autor nunca abandonaron mi corazón.

Tenía yo veintiún años, y fui a comer con un gran amigo mío. Platicando, ambos coincidimos en nuestra pasión por el desarrollo humano y sobre todo en la admiración y respeto que le guardamos a un autor en particular: John C. Maxwell. De esa plática no solo sobresalió nuestro sueño por conocerlo, sino que ambos acordamos que organizaríamos un evento en México con John. Seríamos los primeros en traerlo a México a un evento abierto al público en donde cualquiera que tuviera el mismo sueño y la misma hambre que nosotros lo pudiera llegar a conocer.

De inmediato me puse a trabajar para encontrar el contacto de su mánager, posteriormente para contactarlo y mandarle un sinfín de correos y llamadas hasta que hubo respuesta. La primera pregunta era obvia, sin embargo, totalmente inesperada para mí: «¿Tú quién eres? Porque ¿sabes? John es un aclamado consultor y escritor internacional y lo primero es su seguridad, no podemos hacer un evento con él en el que no conocemos quién nos está contratando y sobre todo en el que no tenemos la certeza de que su seguridad, su imagen, etc. queden intactas...».

Yo no pude responder más que: «Soy un joven emprendedor con el sueño de conocer a John y organizar un evento con él en México». Obviamente esas palabras no fueron suficientes. La respuesta lógica e inmediata fue un rotundo «no».

A pesar de esta respuesta, mi fe fue más grande, y cuando la fe es más grande suceden milagros.

Seguí insistiendo hasta el punto en que le mandé una carta explicándole bien quién era y por qué quería que viniera a México, y prometiéndole que no lo iba a defraudar en ningún sentido. Las palabras del mánager fueron igualmente muy claras: «No te aseguro nada, veo prácticamente imposible que John acepte una invitación así». Pero el resultado fue otro...

Me encontraba de vacaciones en Chiapas, hermosísimo estado de la República Mexicana, iba en el auto, entre curvas y montañas, paseando y visitando pueblito tras pueblito, y justo mientras cruzábamos un pueblito volteé a ver mi teléfono celular y vi cómo la señal de la red se prendió, en ese mismo instante entró una llamada, y qué decía el teléfono, provenía de Atlanta, Georgia.

Tomé la llamada y era nada más y nada menos que el mánager de John C. Maxwell diciéndome que, para su sorpresa, este había aceptado la invitación. Después de ver su calendario tenía muy pocas fechas disponibles y la única que cuadraba bien era el sábado primero de diciembre de 2012. Me comentó que me mandaría el contrato a mi correo electrónico.

De manera inmediata lo leí y tan pronto hube regresado a la Ciudad de México, después de ese viaje memorable a Chiapas, mandé firmado el contrato. Debo confesar que sí me dio mucho miedo la cantidad enorme de dinero por la cual me había comprometido; sin embargo, mi mente me decía lo siguiente: *Solo hay dos alternativas en este viaje, esta aventura, o vas a ganar mucho dinero o vas a aprender mucho. Pero lo que sí es cierto es que tu vida a partir de ahora no volverá a ser la misma si te decides a realizar este sueño.*

Con la sonrisa más grande del mundo le marqué a mi amigo y le dije: «Ya está listo, acabo de firmar el contrato y tenemos quince días para realizar el primer pago». Ese primer pago era inclusive para mí una cantidad brutal de dinero, era dinero que nunca en mi vida había visto junto, pero creí que entre mi amigo y yo lo podíamos conseguir. Así que comencé a buscar financiamiento por todos lados, con todos mis conocidos, familiares, bancos, etc., y después de mil llamadas, desvelos y un gran endeudamiento conseguí mi parte del dinero. Cuando llegó la fecha de pago y llamé a mi amigo para que realizáramos el pago a Maxwell, para mi sorpresa dejó de contestarme el teléfono, de responderme los mensajes y los correos electrónicos. Lo busqué una y otra vez, le llamé una y otra vez y... nada.

Estaba completamente solo, con menos de veinticuatro horas para conseguir el doble de lo que había juntado y me había costado tanto trabajo. Si te soy sincero puedo decirte que no sé ni recuerdo cómo lo hice, además de endeudar también a mi mamá, a quien amo profundamente por todo el apoyo que siempre me dio y porque en ningún momento dudó en que yo fuera capaz de realizar mis sueños. No sé qué tanto hice para conseguir el dinero, pero lo importante es que lo logré. Nunca pensé que iba a fallar. Fallar simplemente no era una opción, ya que el costo de fracasar era extremadamente alto.

Una de las cláusulas del contrato decía que el simple hecho de firmarlo me comprometía a pagarle la totalidad de sus honorarios se realizara el evento o no, excepto por causas de fuerza mayor. Era totalmente entendible ya que él iba a apartar y bloquear una fecha en su calendario por mí, así que de cualquier manera yo tenía que pagarle la totalidad de sus honorarios. El dolor de no hacer el evento, de no traerlo, de fracasar en el intento y, además, tener una deuda brutalmente alta no era una opción para mí.

Para no hacer la historia tan larga (creo que ya es demasiado tarde), te diré que John vino a México conmigo por primera vez a un evento abierto al público, y la asistencia fue increíble: dos mil personas reunidas para aprender y escuchar del experto número uno en el mundo en liderazgo. ¿Y en cuanto a las ganancias? Solo puedo decirte que hubo aprendizaje, mucho, mucho, mucho aprendizaje.

Lo grandioso de esta historia para mí es la comprobación de que la fe es una fuente de milagros en nuestra vida; la fe puede llevarte, si tú lo decides, a hacer posible aquello que antes pensabas imposible.

Recuerdo que me asombraba y reflexionaba: ¡John Maxwell va a venir conmigo! Un joven de *veintidós años de la Colonia del Valle. Pudo haber venido con mil personas más, con mil empresas más, pero va a venir conmigo. ¿Es real esto que está sucediendo? ¿Realmente está pasando?*

Nunca olvidaré el día en que lo fui a recoger al aeropuerto. Yo estaba nervioso, emocionado, entusiasmado. Me encontraba justo delante de la puerta del aeropuerto, justo ahí por donde salen todos los pasajeros. Su avión había aterrizado hacía algunos minutos y sabía que no tardaría en salir. Quiero que te imagines la escena tal cual fue vivida. El sol se ponía de tal manera que cuando yo intentaba ver a través de las puertas de salida de la aduana veía únicamente siluetas ya que todo se veía a contraluz. Cada vez que se acercaba una silueta, yo pensaba que era John Maxwell. El nerviosismo llenaba cada pequeña célula de mi ser, realmente creía que era el siguiente, el que venía, hasta que de pronto su silueta fue inconfundible: ahí estaba John delante de mí, ya con su maleta, a punto de cruzar la puerta.

Lo recibí con la sonrisa de oreja a oreja más grande del mundo, le di un fuerte abrazo y me presenté con él: «John, yo soy Spencer Hoffmann, es un tremendo gusto conocerlo». Automáticamente él respondió: «¿Tú eres Spencer Hoffmann?».

Él esperaba a un joven emprendedor... pero un joven emprendedor de entre treinta y cinco y cuarenta años, no de veintidós.

Con una carcajada inició una relación hermosa que guardo muy dentro de mi corazón, un momento que fue materializado y guardado para la eternidad, un sueño hecho realidad, resultado de una decisión, y luego una serie de eventos fascinantes y maravillosos, todos ellos productos de un milagro. Un milagro de fe.

Una vez que nace la fe en nuestros corazones hay que cultivarla como si fuera una plantita. Hay que alimentarla diariamente y protegerla de los peligros que la acechan como los insectos y las plagas. Hay que podarla cuando es necesario y ver que la tierra tenga los nutrientes correctos para que pueda crecer. Hay que hablarle y darle mucho consentimiento y amor. Si hacemos todo eso, la plantita crecerá y crecerá, y llegará un momento en el que necesitaremos trasplantarla a una maceta más grande, y con el debido cuidado, con el debido amor, la plantita seguirá creciendo, y llegará un momento en el que ya no cabrá más en esa maceta y entonces la trasplantaremos a un jardín o a un bosque. Y cuando esté convertida en un árbol, en un roble grande y fuerte, podrán llegar vientos fuertes, lluvias poderosas, y ella seguirá ahí, lo que antes hubiera acabado con esa plantita pequeña ahora no le hará ni cosquillas al árbol.

Así es nuestra fe, necesitamos cultivarla para llegar a tener una fe poderosa, absoluta e inquebrantable. El cuidado, el agua, el alimento de nuestra fe es una vida de congruencia y amor, ya que la fe es un milagro que nace del amor. Si cuidamos la fuente, cuidamos todo lo que nace y se deriva de ella.

Una vida de fe es una vida deliciosa en donde nuestra fe se proyecta en todo lo que vivimos, y los resultados son maravillosos. Cuando tenemos fe en las personas, ellas actúan de una manera sorprendente. Cuando tenemos fe en nuestra pareja, vivimos relaciones basadas en el amor y la confianza, vivimos sueños hechos realidad. Cuando tenemos fe en nuestro trabajo, nuestros resultados son sorprendentes. Cuando tenemos fe en nuestra forma de ser, contagiamos vitalidad y entusiasmo en las personas que nos rodean. Cuando tenemos fe ante los retos o circunstancias difíciles en nuestra vida, aprendemos y descubrimos cosas maravillosas. Y todas esas cosas son milagros.

Los milagros crean milagros fascinantes; una vida de amor es una vida de fe y una vida de fe es una vida de milagros.

Todos los milagros nacen del amor, pero también son decisiones conscientes que tomamos día a día. Por lo tanto, crecemos como personas sobre todo cuando tomamos esas decisiones en momentos difíciles, cuando la alternativa de no tomar la decisión es mucho más fácil. Por eso la fe tiene un impacto mucho más grande en nuestra vida en los momentos más duros y difíciles. Mientras más grande sea el reto, mayor deberá ser nuestra fe y, ¿qué crees?, ¡mayor será también la recompensa, el aprendizaje y el crecimiento!

Capítulo 4

EL MILAGRO DEL PODER CREADOR INFINITO

El cuarto milagro del amor es aquello que la fe junto con el amor producen en nuestra vida: un poder creador infinito.

Creer es crear, pero solo desde la fe, desde el amor es que podemos crear una vida extraordinaria. Cuando creemos lo peor, no es ninguna sorpresa, creamos lo peor en nuestras vidas.

Cuando vivimos desde ese estado, desde esa realidad profunda, milagrosa e infinita de amor, desde ese presente mágico, pasan cosas increíbles y maravillosas: comenzamos a ser creadores de nuestra realidad.

En ese momento somos cien por ciento responsables, responsables porque la vida nos responde y nosotros a ella de la forma más genuina y pura que existe. El amor no solo nos inspira a crear, sino que es la razón y también el medio, es la causa y consecuencia, y aunque esto parezca descabellado no lo es, porque el estado de amor y de creación es el estado de unión. Cuando no existe esta separación no hay principio ni hay fin, no hay arriba o abajo.

Somos uno con la fuente, con el origen del amor, la salud, la felicidad y la abundancia. Una vida en unión es entonces una vida de creación en donde somos parte de la mente de Dios, del Universo; nuestra mente se conecta y es una con la inteligencia infinita.

Este estado es conocido por muchos como «creatividad», que significa «la habilidad para crear», de ahí viene la palabra: crear + habilidad = creatividad. Y esta habilidad surge cuando somos uno con el amor, cuando dejamos que Dios, la fuente creadora o como quieras llamarle se manifieste a través de nosotros, de nuestras ideas, de nuestros pensamientos, de nuestras acciones, entonces volteamos al cielo y gritamos: «¡Mi vida es un milagro!».

La creatividad es la belleza, la hermosura y la sutileza en su máxima expresión. Cuando vemos una obra de arte; leemos un verso maravilloso; vemos a un superatleta, una escultura apabullante o un parque precioso lleno de flores no queda otra cosa que decir: «¡Esto es una obra de arte, es una creación divina!».

Y lo es.

Fuiste hecho como ser humano para vivir en amor, en ese estado de creatividad infinita, en ese estado creador. Fuiste hecho para crear milagros, y es ese poder creador el que se manifiesta cuando vivimos desde el amor. Y cuando creamos desde el amor estamos creando obras divinas porque manifestamos, a través del amor, nuestra verdadera esencia y aquello por lo que fuimos creados.

Cuando llevamos una vida de separación y no de unión, una vida que está basada en el ego y en los miedos en vez de en el amor, lo que sucede es que se mata esta fuerza y este poder creador. Lamentablemente es el estado de la gran mayoría de las personas, ese estado de desesperación en el cual pensamos que todo nos tiene que ser dado o provisto, en donde desconocemos que somos también creadores de nuestra realidad y eso incluye también nuestros recursos.

LOS ESTRAGOS DEL MIEDO

Socialmente estamos en una era en la cual la gran mayoría de las personas hemos sido educadas a través del miedo, en contraparte del amor.

El miedo no es algo malo, es totalmente natural e inherente a los seres humanos e incluso a los animales; de hecho, es gracias al miedo que estamos y seguiremos vivos. Es por el miedo que no cruzamos la calle mientras están transitando los autos, o que no saltamos de un edificio cuando pensamos que sería genial intentar volar, o que no salimos a la calle ostentando todo lo que poseemos. El miedo nos quiere salvar. Quiere también ayudarnos al evitar que realicemos o no realicemos algo. Es el gran «evitador» y bien utilizado puede ser también el gran «motivador».

Pero eso lo veremos más adelante.

Lo importante es entender que el miedo está ahí en principio por algo positivo en nuestra vida. El gran problema que tenemos es que confundimos lo que es real —como el peligro de una muerte por atro-pellamiento— con nuestras ideas, ya que para nuestro cerebro lo que vivimos, lo que soñamos o lo que imaginamos es igual, nuestro cerebro no encuentra ninguna diferencia en ello.

Por ejemplo, hay peligro real y de muerte si salto de un edificio, pero no hay peligro real si adquiero una deuda. Puedes pensar que muchas cosas negativas pueden surgir de una deuda, pero sin impor-tar su origen, una deuda no es peligrosa. El peligro es un producto de nuestra mente y, por lo tanto, de nuestra imaginación. Como tal, la deuda en sí no es peligrosa. Puede (y solo puede) resultar peligrosa la consecuencia (una de un sinfín de posibles consecuencias) de no pagarla a tiempo y dejar pasar mucho tiempo sin hacerlo. Pero como tal una deuda en sí no es peligrosa.

Recuerda que somos seres cien por ciento emocionales y es por eso que las emociones interpretan nuestra realidad. En otras palabras, una emoción muy fuerte e importante surge cuando llega a nosotros la idea de que algo malo puede suceder si fracasamos o si somos dema-siado exitosos. De hecho, muchos más le tienen miedo al éxito que al fracaso. Finalmente, de manera consciente o inconsciente, hacemos todo lo posible porque todas nuestras expectativas se cumplan, lo cual implica también alejarnos de todo lo que pueda resultar amenazante o doloroso. La respuesta emocional al posible dolor o la posible amena-za es el miedo. Por eso puedo tenerle miedo a estar endeudado, a ser defraudado, a que me rompan el corazón o a enamorarme, a perderlo todo, etc.

El miedo que surge de estas ideas no es diferente al miedo que sentimos si estamos siendo perseguidos por un león hambriento. Nuestro cerebro, nuestro ser emocional no entiende la diferencia, y por eso es tan lógico que evitemos a toda costa de manera consciente e inconsciente aquello que nos da miedo. Y lo hacemos de manera contundente y efectiva, en un grado superlativo absoluto, literalmente, como si nuestra vida dependiera de ello. Por eso el ser humano no crea una vida grandiosa cuando tiene miedo o vive desde el miedo, sino que busca únicamente sobrevivir.

Todo nuestro ser, nuestra capacidad, nuestra energía y enfoque están orientados a sobrevivir. No hay espacio para más si lo que nos motiva o nos mueve no es otra cosa más que el miedo.

Yo creo que hay dos maneras de vivir la vida. Desde la causa o desde el efecto.

Normalmente las personas que viven con miedo viven desde la causa. Su trabajo, sus decisiones, su vida y absolutamente todo lo que les rodea no es más que la consecuencia del entorno y todo lo que está sucediendo. Hacen, actúan, dejan de hacer porque hay una presión externa, hay un factor que les infunde miedo, y su diálogo interno es: «Lo tengo que hacer, no hay de otra».

Sin embargo, creo fervientemente en la alternativa. Creo que podemos ser no la consecuencia de todo lo que nos rodea sino la causa. Podemos ser ese factor de cambio en nuestro ambiente, que las personas y todo lo que nos rodea cambien para mejor porque nosotros estuvimos ahí y no al revés. Para mí eso es trascender, dejar una huella, y creo fervientemente que la única consecuencia de hacerlo es a través de nuestra fuerza creadora: el amor. Cuando creo desde el amor, lo único que puedo crear es más amor. Cuando veo las cosas con amor, lo único que puede resultar es una actitud positiva. Le doy la mejor y más profunda interpretación a las cosas y a todo lo que me rodea. Me convierto en la fuente de vida, en la fuente de las soluciones. Me convierto en el factor de bienestar y de alegría primero para mi vida, posteriormente para mi familia, la sociedad y el mundo.

Seamos la causa de una vida fascinante, la causa de un entorno mejor y más próspero, seamos la causa de que este mundo crezca en todos los sentidos posibles. Para mí esta es una de las decisiones más importantes que conlleva ser cien por ciento responsable.

No dejaré más que mi vida sea una consecuencia de mi entorno, a partir de ahora yo soy el creador de mi vida y de mi realidad.

Por eso este poder creador infinito del cual te hablo solo puede surgir cuando hemos aprendido a vivir desde el amor y no desde el miedo. Esto no significa que la emoción que produce el miedo no aparezca nunca más en nuestra vida. Lo hace; sin embargo, la relevancia es mínima y, a diferencia de antes, nosotros podemos controlar el miedo en vez de que el miedo nos controle a nosotros, y así detonar esta fuerza y este poder creador tan grande como nuestro sueño más loco y descabellado.

TODO LO QUE VEMOS NORMAL FUE ANTES UN SUEÑO DESCABELLADO

Si hablamos de este poder creador infinito y nos ponemos a pensar: *¿Cuántas ideas, cuántas cosas, cuántos sueños hay que han determinado y perfilado nuestro mundo?* Realmente nos sorprenderemos al encontrar la respuesta.

Prácticamente *todo*.

Casi todo lo que nos rodea fue antes una idea loca y completamente descabellada. Ponte a pensar en lo siguiente: *¿Qué es cotidiano en nuestra vida?*

Quiero que hagas una lista de cuáles son los elementos con los que tienes más contacto en tu vida. ¿Es acaso tu teléfono celular, tu computadora, tu auto, tu televisor? Vamos, quiero que hagas una lista de cuáles son esos cinco elementos:

1. _____

_____

2. _____

_____

3. _____
_____

4. _____
_____

5. _____
_____

Excelente. Ahora mira tu lista y dime: ¿en algún momento de la existencia de nuestra era, aquello que escribiste existía o no? La respuesta más obvia es que *no*. Y entonces, cuando eso no existía, ¿qué era? Pues simplemente no existía ni como idea. Y eso quiere decir que un día una consciencia puso todo su empeño y energía en crear una solución o algo que simplificara nuestra vida y la hiciera más próspera y cómoda en todos los sentidos. El resultado es tu estilo de vida hoy.

¿Cómo crees que fueron recibidas esas ideas cuando fueron concebidas por primera vez? Yo te puedo asegurar, sin miedo a equivocarme, que en primera instancia no fueron bien recibidas, es más, fueron rechazadas y criticadas y, sin embargo, son esas ideas las que hoy le dan forma y color a tu mundo.

Te pregunto: ¿si tu vida está rodeada de productos de personas locas, de locuras descabelladas, por qué no ser uno de esos locos imparables que le dan y le han dado tanta forma a nuestro mundo? Realmente, ¿por qué no? ¿Por qué los criticamos tanto si nuestra vida es producto de gente loca? ¿Por qué los rechazamos y nos cuesta trabajo aceptar las propuestas nuevas y fascinantes?

La respuesta es sencilla pero no cómoda: *inercia emocional*.

La inercia emocional no es más que la flojera activa que tanto impera en la sociedad. Nos da flojera cambiar nuestros hábitos y nuestras rutinas. No queremos hacer cosas nuevas, no queremos hacer cosas diferentes, y cuando una persona propone algo nuevo y diferente la criticamos porque le damos más importancia a esa pereza activa que al progreso que todas esas ideas nos pueden traer como humanidad. Nos enfocamos más en el placer de seguir haciendo lo mismo día tras día que en el beneficio de adaptarnos a un cambio que nos puede traer grandes beneficios a largo plazo.

Esa pereza es el veneno de la sociedad. Es la razón por la cual las personas no quieren y no están dispuestas a pagar el precio. Es costoso no en aquello que tenemos que hacer, sino emocionalmente. La actividad que se va a realizar no es más que una actividad, no es más que un trámite si lo quieres ver así, se hace y listo: se obtiene el resultado. El problema es crear los hábitos y las condiciones emocionales para llevarnos a actuar y hacer aquello que realmente necesitamos hacer: pagar el precio por una vida de grandeza. Y por eso dejamos pasar los grandes momentos y las grandes oportunidades, cuando pudimos haber hecho algo grande, cuando pudimos haber creado algo importante y trascendente con nuestra vida y dejar un ejemplo maravilloso a los seres humanos, cuando nuestra vida pudo haber creado un progreso histórico importante... nos quedamos sin hacer nada.

Por eso creo en esta frase popular: «Mejor sé un grano de arena en un motor». En otras palabras, es mejor ser un factor de cambio en el mundo y no simplemente alguien ordinario que ve, hace y espera lo que todo el mundo siempre ha visto, hecho y esperado. Yo te aseguro que siempre habrá alguien que crea en ti.

Como seres con un poder creador infinito podemos crear lo que sea, sí, *lo que sea*, a partir de la nada, sí, *de la nada*. Tenemos el potencial de realizar cualquier cosa, alcanzar cualquier meta o cualquier sueño a partir de la nada. Sin un solo recurso más que nosotros mismos. Sin embargo, la perspectiva correcta para hacer esto nace únicamente desde el amor ya que la creación como tal no es otra cosa más que un milagro de amor. Y es ahí donde está el problema de las personas, quieren crear desde el ego, la envidia o el miedo. Quieren tener más por tener más, sin tener primero un propósito real en sus vidas, quieren más cosas materiales pero sin merecerlas y sin pagar el precio del esfuerzo que requieren, quieren una vida de amor y una pareja maravillosa sin ellos convertirse primero en seres de amor y compañeros maravillosos.

La perspectiva del amor es completamente distinta. El amor es abundante, es generoso y bondadoso, el amor lleva consigo el milagro de la fe que ya vimos anteriormente, que da paz, seguridad y tranquilidad. Cuando vivimos desde esta perspectiva es que el milagro de la creación comienza a manifestarse. Somos uno con nuestro propósito, no existe la separación, así que cualquier cosa que deseemos nos es bien merecida. Entonces no existen trabas ni barreras que nos puedan impedir tomar una acción enfocada hacia nuestros resultados, y las personas con las que nos topamos a lo largo del camino resultan ser maravillosas, personas que lo único que hacen es ayudarnos porque desde la perspectiva del amor todo aporta a nuestra misión de vida.

Para obtener lo que queremos en la vida no necesitamos el dinero ni los recursos. Lo que necesitamos es la habilidad para generar los recursos a partir del amor. A partir de esta fuente creadora infinita que todo lo puede.

Esto resulta mucho mejor puesto que todos los recursos se terminan, entonces tener muchos recursos como tal tiene un enfoque a muy corto plazo, un enfoque limitado, pero la habilidad para generar esos recursos es para siempre. Y esta habilidad surge cuando reconocemos primeramente nuestra esencia y luego comenzamos a vivir y actuar desde el amor, de esta manera sí comienzan a ocurrir milagros, verdaderos milagros, los milagros del poder de la creación.

Como apasionado del ser humano y de las herramientas que son esenciales para su crecimiento y desarrollo, realizo cursos y talleres, y para mí una de las cosas más importantes es que los participantes se den cuenta del maravilloso poder creador que tienen como seres humanos, ahí es cuando la magia comienza a suceder.

TU ACTITUD: LA PEQUEÑA GRAN DIFERENCIA

Como las historias no únicamente transmiten, sino también crean en nosotros experiencias cuando las escuchamos o las leemos, voy a contarte otra historia que me cambió la vida de una manera extraordinaria. Y no la cambió por lo que sucedió como tal, sino por cómo me ayudó a ver la vida desde una perspectiva fascinante y completamente distinta. Espero que esta expectativa te ayude a ti también a ver la vida de tal manera que en el día de hoy, sin importar tu situación o tu circunstancia, te vayas a dormir con una sonrisa.

Tenía yo diecinueve años. Justo había terminado una estancia maravillosa en Suiza, había viajado por Europa durante unas semanas y posteriormente había vivido unos meses en Zug, pueblo pequeño y fascinante entre Zúrich y Lucerna, Suiza.

Mis grandes amigos, aquellos maravillosos seres humanos con quienes había compartido varios meses de mi vida y de quienes no solamente había aprendido un dialecto en palabras, sino también un dialecto del corazón, fueron a despedirme al aeropuerto internacional de la ciudad de Zúrich. Después de ese largo e inolvidable adiós crucé las puertas de seguridad hacia la sala de abordar.

Los nervios que me habían embargado desde hacía meses se veían opacados, ya que a pesar de que viajaba sujeto a disponibilidad, un día antes había visto que el vuelo venía bastante vacío y, por lo tanto, era seguro que me subiría al avión, y había más: tenían mucho lugar disponible en primera clase y ya me saboreaba esos asientos de piel ultracómodos y la comida de cinco tiempos durante el vuelo. Pero más importante, me saboreaba llegar a mi casa, con mi familia, el 22 de diciembre, a escasos dos días antes de Navidad.

Para quienes no sepan qué es ir sujeto a disponibilidad les explico rápidamente: es cuando tu tía Maggie es jubilada de Delta Air Lines y te da «pases» para que viajes únicamente pagando los impuestos, lo cual es extremadamente barato y, además, si hay espacio en primera clase te subes al avión y resulta simplemente maravilloso.

Ya me saboreaba todo lo anteriormente descrito mientras esperaba mi pase de abordar en el aeropuerto cuando de repente y para mi sorpresa escucho por los megáfonos lo siguiente: «Señores pasajeros con destino a la ciudad de Atlanta (cuidad donde iba a hacer escala para luego tomar el vuelo a la Ciudad de México), lamentamos avisarles que el vuelo ha sido cancelado debido a una tormenta de nieve en la ciudad de Nueva York, de donde venía nuestro avión. Les agradecemos su comprensión y los esperamos el día de mañana».

Automáticamente mi corazón dio tres mil doscientos cuarenta y dos vuelcos. Yo estaba tan seguro, tan feliz y tan confiado de que iba a regresar ese mismo día a mi casa y ver a mi familia que tanto me extrañaba. Lo que era peor, no tenía dinero, ni un centavo, tampoco tenía teléfono celular, no tenía absolutamente nada, solo dos kilogramos de chocolate suizo y muchas ganas de regresar a casa.

Sin saber qué hacer me acomodé en una banca del aeropuerto, pensando en que pasaría una noche algo incómoda ya que todas las bancas eran de metal; sin embargo, no contaba con las costumbres suizas, un país en el que todo, absolutamente todo a las ocho de la noche ya está cerrado, hasta el aeropuerto.

Así pues un policía geniudo se acercó a mí y me preguntó de mala gana: «¿Qué haces ahí acostado?». Yo con mi tono más amable y mi mayor esfuerzo para que no notara un acento foráneo en mi alemán suizo le dije: «Estoy esperando mi vuelo que sale el día de mañana porque el avión en que me iba no llegó por una tormenta de nieve en Nueva York». Para mi sorpresa, con un tono más severo y sonando a regaño me dijo: «Levántate, aquí cerramos a las ocho en punto de la noche, no te puedes quedar. Ve por tus maletas y sal».

Silencio total.

Gritos desesperados en mi cabeza diciendo: ¿Qué voy a hacer? No tengo absolutamente nada, ni un solo centavo. ¿En dónde voy a dormir? *No me puedo quedar aquí, y allá afuera está helado, está nevando y la temperatura es de menos ocho grados.*

En ese momento tuve dos alternativas. La primera era muy sencilla, quedarme enojado, angustiado y con una mala actitud, o hacer algo diferente.

En ese momento tu actitud es el elemento más importante del milagro de la creación.

En ese momento decidí, más por una coincidencia que por una necesidad, adoptar una buena actitud. Realmente la alternativa no lucía muy amigable: frío, calle, hambre... No era mi plan y mucho menos la expectativa que tenía de mi noche.

Así que fui a recoger mis maletas, puse una sonrisa en mi rostro y comencé, por muy difícil que fuera para mí, a platicar con las personas que también estaban recogiendo sus maletas. Conocí a una señora algo desnutrida que estaba más angustiada que yo y me di cuenta de que con ella no iba a llegar muy lejos, así que seguí platicando y conociendo a una y otra persona hasta que llegó a mí una pareja que había estado observando todo lo que yo estaba haciendo, una pareja de seres humanos extraordinarios: Bob y Werny.

La conversación comenzó:

«Hola», me dijo Bob, «he estado observando que estás aquí sujeto a disponibilidad, ¿es correcto?».

Con una carita de perro apachurrado le dije: «Sí».

Se voltearon a ver entre ellos. «¿Y entonces me imagino que tienes que venir al vuelo de mañana, cierto?».

Con la misma carita le respondí: «Sí».

Se volvieron a ver entre ellos. «¿Y tienes un lugar para pasar la noche?».

La carita ahora era el doble de apachurrada y le dije: «No».

Ya cuando se voltearon a ver ambos asentían con la cabeza y vino entonces una pregunta hermosa y maravillosa: «Tenemos un cuarto para invitados en nuestra casa. ¿No te quieres quedar con nosotros? De cualquier manera tenemos que venir mañana al mismo vuelo, podemos venir juntos».

No lo podía creer. En realidad para mí eso fue un milagro. Fue un suceso, un evento verdaderamente extraordinario. Simplemente porque había decidido cambiar mi actitud, porque desde lo profundo de mi corazón sabía que merecía algo mejor que una noche fría, desolada y hambrienta, porque había decidido hacer más y dar más de mí.

Sin embargo, la pregunta siguiente fue todavía mejor mientras estábamos caminando para tomar el tranvía ya con las maletas: «¿No tienes hambre?».

Ante lo cual grité a todo pulmón sin darme cuenta: «Sí».

Qué hermoso lo que siguió: «Llegamos a la casa, te instalas, si quieres te das un baño y nos vamos a cenar a uno de los mejores restaurantes de la ciudad. La verdad es que sabemos qué es estar en esa situación y queremos darte el mejor trato posible».

Solo puedo decirte que cené delicioso, verdaderamente delicioso, pero lo más rico de la cena fue convivir y conocer a dos seres humanos extraordinarios, dos personas maravillosas que han aprendido a vivir su vida a través del amor e inspirar a las demás personas a hacer lo mismo.

¿Crees que aquí termina la historia? Pues no, todavía sigue.

Al día siguiente, como ya lo habíamos consultado con la aerolínea y por internet, hubo muchísimo espacio en el vuelo y nos fuimos a Atlanta en primera clase. Efectivamente disfruté del menú de cinco tiempos.

Llegamos el 23 de diciembre a Atlanta, ese día había dos vuelos a la Ciudad de México. Llegué apresuradamente a la sala de abordar del primer vuelo y para mi sorpresa sonó por el megáfono una voz un tanto desesperante que decía el siguiente mensaje: «Señores pasajeros sujetos a disponibilidad que viajan con destino a la Ciudad de México en el vuelo número 297 de Delta Air Lines, les comunicamos que el vuelo está sobrevendido por lo que tendrán que venir al siguiente vuelo. Les agradecemos su comprensión. Que tengan una linda noche».

«Linda noche, ¡linda noche!». Yo no quería más travesías ni aventuras, quería llegar a tiempo a mi casa y con mi familia.

Sin embargo, había una última esperanza, quedaba un vuelo a la Ciudad de México. Así que con la mejor actitud y una sonrisa me presenté en la sala de abordar de ese último vuelo del 23 de diciembre y para mí ya no tan sorpresa la señorita detrás del megáfono anunció lo siguiente: «Señores pasajeros sujetos a disponibilidad que viajan con destino a la Ciudad de México en el vuelo número 287 de Delta Air Lines, les comunicamos que el vuelo está sobrevendido por lo que tendrán que venir al siguiente vuelo el día de mañana. Les agradecemos su comprensión. Que tengan una linda noche».

Mi mente estaba en blanco. Nuevamente fue grande la tentación de acomodarme en los sillones del aeropuerto de Atlanta, que no cerraría, y dormiría un poco incómodo pero esperaría hasta la mañana siguiente del 24 de diciembre, fecha en la cual había cinco vuelos para ir a la Ciudad de México.

Mi estómago se estaba quejando porque llevaba varias horas sin comer otra cosa que no fuera chocolate, así que me sacudí la mala actitud, esbocé, después de mucho trabajo, una sonrisa y fui al lugar de las maletas a recoger la mía y aplicar mi estrategia: platicar con los desconocidos a ver qué cosa buena podía suceder.

No habían pasado muchas personas cuando nuevamente alguien se me acercó y me dijo: «Estás aquí sujeto a disponibilidad, ¿es correcto?».

A lo cual, con la carita que ya conoces, le respondí: «Sí».

El diálogo fue prácticamente el mismo. Me dijo: «¿Y entonces me imagino que tienes que venir al vuelo de mañana, cierto?».

Con la misma carita le respondí: «Sí».

Y entonces me preguntó: «¿Y tienes un lugar para pasar la noche?».

La carita ahora era el doble de apachurrada y le dije: «No».

Y entonces pronunció algo maravilloso: «Tengo un cuarto para invitados en mi casa. ¿No te quieres quedar conmigo? De cualquier manera tengo que venir mañana al mismo vuelo, podemos venir juntos».

No lo podía creer. Doble, doble, doble. Estaba sucediendo lo mismo, por un simple cambio de actitud, por creer que merecía una noche cómoda y una rica cena. Realmente para mí eso fue un milagro.

Así que como lo imaginas, mientras íbamos en el auto rumbo a su casa surgió la pregunta: «¿No tienes hambre?».

Ante lo cual grité a todo pulmón sin darme cuenta: «Sí».

Y ¿qué crees? Me dijo lo siguiente: «Te voy a llevar a cenar unas pizzas deliciosas. Verás, tengo un amigo "mojado" (indocumentado viviendo en Estados Unidos) que a veces se queda en mi casa y trabaja en una pizzería, y siempre que tengo ganas de comer una pizza me invita como gratitud por hospedarlo cada vez que lo necesita. Así que hoy es tu día de suerte: ¡cena gratis campeón!».

Cené delicioso, le regalé unos chocolates tanto al amigo mojado como a Fernando, y al día siguiente en la mañana, frescos como lechuga, estábamos rumbo al aeropuerto para nuestra siguiente aventura.

Era el 24 de diciembre. Habían cinco vuelos frente a nosotros. Tenía muchas ganas de pasar Noche Buena con mi familia. Sin dinero. Excelente actitud.

Primer vuelo: «Señores pasajeros sujetos a disponibilidad que viajan con destino a la Ciudad de México en el vuelo número 257 de Delta Air Lines, les comunicamos que el vuelo está sobrevendido por lo que tendrán que venir al siguiente vuelo. Les agradecemos su comprensión. Que tengan una linda mañana».

Segundo vuelo: «Señores pasajeros sujetos a disponibilidad que viajan con destino a la Ciudad de México en el vuelo número 267 de Delta Air Lines, les comunicamos que el vuelo está sobrevendido por lo que tendrán que venir al siguiente vuelo. Les agradecemos su comprensión. Que tengan una linda mañana».

Tercer vuelo: «Señores pasajeros sujetos a disponibilidad que viajan con destino a la Ciudad de México en el vuelo número 277 de Delta Air Lines, les comunicamos que el vuelo está sobrevendido por lo que tendrán que venir al siguiente vuelo. Les agradecemos su comprensión. Que tengan una linda tarde».

Cuarto vuelo: «Señores pasajeros sujetos a disponibilidad que viajan con destino a la Ciudad de México en el vuelo número 287 de Delta Air Lines, les comunicamos que el vuelo está sobrevendido por lo que tendrán que venir al siguiente vuelo. Les agradecemos su comprensión. Que tengan una linda noche».

Sin embargo, en ese momento sucedió algo maravilloso. Mientras el vuelo estaba cerrando y el tobogán estaba siendo desconectado, en ese preciso momento cuando ya la puerta del avión estaba cerrada y el avión comenzaba lentamente a moverse, llegó una persona corriendo, sudando y demasiado agitada: había perdido el vuelo.

Me compadeció ver a ese individuo y como según yo «ya me la sabía», me acerqué a él para decirle que todo estaba bien, que no se preocupara y que era bienvenido al club. Cuando de repente...

Me volteó para mirarme fijamente a los ojos...

Lo volteé para mirarlo fijamente a los ojos...

Me miró todavía más fijamente a los ojos...

Lo miré más fijamente a los ojos...

Su mirada se intensificó...

Mi mirada se intensificó...

Nos quedamos como pasmados mirándonos por un instante...

En eso me dice: «¿Spencer?».

Y le digo: «¿Adrián?».

Me dice: «¡Amigo! Qué gusto verte». Imagina una escena efusiva con un abrazo rompe-huesos, saltos y gritos de alegría.

Tenía frente a mí a un exalumno del Colegio Suizo de México. Era unas generaciones más grande que yo, sin embargo nos ubicábamos perfectamente bien. Nos habíamos cruzado hacía algunos años unas veces en el colegio y siempre nos saludábamos.

Y ahora estábamos uno frente al otro. Le conté rápidamente mi historia y emocionado me dijo: «¿Sabes? Quiero los detalles, ¿no tienes hambre? Te invito a cenar».

Antes que terminara la frase ya estaba gritando yo a todo pulmón: «Sí».

Cenamos delicioso. Es más, cuando estábamos pidiendo la carta para ver qué había en el menú, me dijo: «¿No quieres una cerveza?», y yo le respondí: «Pero solamente tengo diecinueve años. Aquí necesitas tener veintiuno, ¿no?». «No importa», me dijo, «yo la pido por ti y celebramos».

Pidió las dos cervezas y brindamos por el maravilloso encuentro.

Era mi tercer día, sin un centavo, conociendo a personas maravillosas, comiendo delicioso y ahora hasta brindando con un amigo que hacía mucho tiempo que no veía.

Quedaba un vuelo más y Adrián lo único que me repetía era: «Tú debes tener fe. Tú debes ver el resultado final. Tú debes creer que sí te vas a subir en el avión, todo está en tu actitud. Lo que piensas y crees fervientemente lo creas en tu vida». Palabras que hasta la fecha guardo en el corazón.

Así que después de la maravillosa cena, ya en el proceso del abordaje del vuelo, no sé si por mi entusiasmo o por la cerveza, había ya organizado a todos los que estábamos sujetos a disponibilidad y entre todos gritábamos a todo pulmón: «¡Sí nos vamos a México!, ¡sí nos vamos a México!, ¡sí nos vamos a México!».

Imagina a un grupo de casi treinta mexicanos eufóricos queriendo regresar a casa para pasar la Navidad con sus familias. Los estadounidenses que pasaban se tomaban hasta la foto con el grupo escandaloso de soñadores mexicanos, cuando de repente por los megáfonos de la sala de espera se escuchó el más temido de todos los mensajes: «Señores pasajeros sujetos a disponibilidad que viajan con destino a la Ciudad de México en el vuelo número 297 de Delta Air Lines, les comunicamos que el vuelo está sobrevendido por lo que tendrán que venir al siguiente vuelo. Les agradecemos su comprensión. Que tengan una linda noche y que pasen una feliz Navidad».

Toda la bola de mexicanos escandalosos nos volteamos a ver y dijimos: «Debimos haber sido más específicos... Sí nos vamos a México, pero mañana».

Sin embargo, este cambio de actitud del cual yo te hablo me llevó a agradecerle a un trabajador de la aerolínea. Aquella persona encargada de despachar los vuelos y cuya voz era la que sonaba a través del megáfono cada vez que un anuncio era requerido. Era un señor de unos cuarenta y cinco años, alto, con piel y cabello de color negro. Yo me acerqué a él y le entregué un paquete de varios chocolates. Ahí iban el chocolate de mi hermana, el de mi tía, el de mis primos, etc. Y le dije lo siguiente: «Señor, quiero darle las gracias, porque hoy es Noche Buena y nosotros solamente queremos regresar con nuestras familias, no estamos trabajando ni nada, solo esperamos el vuelo para regresar a casa; sin embargo, usted está trabajando la noche del 24 de diciembre para darle a su familia una mejor vida y eso, señor, es admirable». Así que le entregué los chocolates y me marché ¿adivina a dónde?

¡Correcto! Hacia la sección de recoger las maletas.

Algo maravilloso, milagroso, sucedió justo en ese momento.

Yo estaba unos quince metros de la puerta del abordaje cuando de repente por el megáfono se escuchó: «Pasajero Spencer Hoffmann, ¡pasajero Spencer Hoffmann! Si quieres subirte al avión súbete ahora». Realmente no lo podía creer. Volteé atónito y vi al señor con los chocolates en una mano y el micrófono en la otra, y me hizo una seña de más vale que te subas al avión en este instante. Instantáneamente todas las personas que había organizado para la porra comenzaron a gritar y vitorear de alegría y me animaron para que subiera al avión. Seguía sin poderlo creer. Le pregunté al señor: «¿Y mi maleta?». Me respondió: «Llega en diez días, súbete al avión». «Ok, perfecto, en diez días, sí. ¿Y en dónde me siento?». Entonces me contestó: «En donde veas disponible. Súbete al avión ahora».

Sin revisar mi pase de abordar subí corriendo en cámara lenta al avión, como si todo hubiese sido parte de un sueño maravilloso. Mientras entraba al avión y atónito buscaba un lugar vacío, solamente veía las caras de las personas que me miraban como diciendo:

«Por este es que no hemos despegado todavía, por este tardado, y vamos a llegar tarde a pasar Noche Buena con nuestras familias». No me importó absolutamente nada, yo me sentía en mi caminata gloriosa, sentía que detrás de mí sonaba una hermosa música de fondo, de esas músicas legendarias mientras yo me acercaba más a mi asiento de la fila dieciocho. De repente sucedió algo que se convirtió en uno de mis momentos favoritos, un instante exquisito que atesoro en lo más profundo de mi corazón. Quiero que lo imagines en cámara lenta porque así fue que lo viví y así es como lo recuerdo. De la penúltima fila, casi hasta mero atrás, de repente sobresalió el tronco de una persona. La mitad de su cuerpo ocupaba ya el pasillo, sin embargo sus piernas y todo lo demás seguían ocupando el asiento. De su rostro deslumbraba una sonrisa y sus pulgares señalaban hacia arriba con la seña de «bien hecho». Era nada más y nada menos que Adrián, mi amigo. Y su mirada lo decía todo: «Tu fe, tu certeza y el poder de tu corazón pueden crear cualquier realidad. Tú eres el autor de este momento».

Llegué a la Ciudad de México el 24 de diciembre a las diez y cuarenta de la noche y pasé Navidad con mi familia, quienes me esperaban ansiosos y con los brazos abiertos y sobre todo con una enorme sonrisa en el rostro. Entre los quince o veinte que eran se repartieron dos chocolates: los únicos dos que me quedaban de los dos kilogramos que había comprado. Ahora lo entiendo: no eran para ellos en especial, pero sí para compartir con personas cuyas vidas, sin ser ninguna de ellas alguna coincidencia, tocaron la mía y sobre todo mi corazón. Formaron parte de un hermoso e inolvidable milagro: un milagro de amor.

¿Crees que la historia termina aquí?

Pues te equivocas. Bob y Werny siguen siendo entrañables amigos, con quienes tengo una casa en Zúrich y a los que ya he ido a visitar en más de una ocasión. Conocen incluso a mi hermosa madre y a mi hermana. Ellos tienen un hogar también en la Ciudad de México. Fer, mi amigo de Atlanta, ha venido varias veces a México y nos hemos ido a cenar y a platicar. Permanece una hermosa amistad. Y en cuanto a Adrián, lo puedo ir a visitar a Nueva York y él igualmente puede visitarme cuando quiera en la Ciudad de México. Además de tener aquí él a su familia, tiene un hermano más.

Es hermoso lo que podemos hacer cuando menos lo esperamos, y nuestra única alternativa es despertar nuestro poder creador, ese poder que yace ya dentro de cada uno de nosotros.

¿Sabes? Creo que el poder de nuestra actitud es verdaderamente el poder creador maravilloso que está dentro de cada uno de nosotros.

No creo que haya casualidades, tampoco creo que haya problemas. Creo que hay momentos de crecimiento, creo que hay grandes oportunidades para amar y disfrutar la vida o para ser mejores personas. Es por eso que decido creer que cada obstáculo no es más que un milagro o bendición envuelto en un papel que tú y yo reconocemos como «crisis» o «problema». Y creo esto porque es de esa manera que Dios o la vida se encarga de que volteemos a verlo. Las tijeras para abrir ese presente maravilloso se llaman actitud o control consciente de nuestras emociones.

¿Qué tanto valoramos nuestra vida? ¿Qué tanto apreciamos las bendiciones y todos los «presentes» que nos manda nuestro Creador?

Ahora te toca a ti contar esa historia y, sobre todo, ese milagro de amor.

LAS OPORTUNIDADES

Las oportunidades aparecen en tu vida cuando ves lo ordinario con ojos de amor; eso ordinario se convierte entonces en extraordinario.

Una de las consecuencias del milagro del poder creador, y que es mi favorita, son las oportunidades. Originalmente quería que fuera un milagro aparte, el milagro de las oportunidades; sin embargo, después de reflexionar bien llegué a la conclusión de que una oportunidad no es más que una consecuencia del poder creador infinito que tenemos como seres humanos. Pienso que nosotros creamos nuestras oportunidades; una oportunidad existe cuando puedo reconocerla, como tal nuestra capacidad para reconocer es nuestra capacidad para crear oportunidades. Otra manera de referirnos a «tu capacidad para reconocer» es «tu visión».

La historia que acabas de leer ilustra perfectamente este significado: las oportunidades existen por todos lados, y cuando comenzamos a vivir desde el amor, comenzamos a reconocer oportunidades por doquier, ampliamos nuestra visión.

Creo fervientemente que la forma o el vehículo que Dios utiliza para hacernos llegar oportunidades y bendiciones es a través de algo que tú y yo conocemos y hemos «aprendido» a reconocer como crisis o problemas. Yo lo imagino de la siguiente manera: Dios constantemente quiere mandarnos regalos grandiosos y oportunidades maravillosas, pero si nos las manda de forma elegante, bonita o color de rosa entonces ese regalo no sería tan atractivo, no representaría algo «nuevo» en nuestra vida y sobre todo no realizaríamos ningún esfuerzo por ser mejores personas y ayudar a otros a hacer lo mismo. Por lo tanto, al no valorar ese regalo lo dejaríamos pasar por alto. Entonces, la manera en la que el universo nos manda esos regalos increíbles y hermosos es envueltos en un papelito especial que se llama «crisis» o «problema». De esa manera se encarga de que primeramente volteemos a ver el regalo que nos ha sido entregado, porque como mencioné antes, si todo fuera bonito, no voltearíamos a ver cuándo llega algo maravilloso, una oportunidad grandiosa.

El problema no es que nos volteemos o no a ver el regalo, porque los «problemas» en cuanto llegan nos hacen voltearnos emocionalmente y es por ello que al causarnos algún tipo de conflicto emocional los llamamos problemas. El punto está en que debemos abrir ese regalo y eso incluye que «rompamos» el problema y descubramos el milagro que se esconde adentro de él; cuando eso sucede, ocurre un milagro, el milagro de las oportunidades.

Cuando vivimos desde el amor y nos topamos con situaciones aparentemente desfavorables podemos encontrar ese regalo, esa bendición oculta dentro de una circunstancia en apariencia desagradable o desfavorable, y por eso reconocer una hermosa e increíble oportunidad no lo hace cualquiera, lo hacen aquellos que se entregan a vivir desde un estado diferente y ven posible en su vida aquello que antes parecía imposible, viven un milagro, un milagro de amor.

Para comenzar a darle ese significado nuevo y diferente a nuestra vida es sumamente importante que comencemos a ver lo ordinario de manera extraordinaria, que encontremos la grandeza hasta en los lugares más obvios y pequeños y, sobre todo, en los lugares que no nos gustan o pensamos que son problemáticos. Ahí es donde surge toda la magia, la grandeza y el crecimiento.

Así que hagamos el siguiente ejercicio.

Responde lo más honestamente posible a las siguientes preguntas.

PREGUNTAS PARA LA REFLEXIÓN

1. ¿Qué situación me incomoda o no me gusta en mi vida?

2. ¿De qué manera puede ser esa situación una enseñanza o una herramienta que me pueda hacer crecer?

3. ¿De qué otra manera me está ayudando esa situación en mi vida?

4. ¿Cómo puedo capitalizar mi experiencia para el futuro? ¿Cómo puedo usar esto para crecer, ser más grande, ganar más dinero, etc.?

_____

_____

_____

_____

5. ¿Me puedo sentir agradecido con la situación o la experiencia?

_____

_____

_____

_____

6. ¿En pocas palabras, cuál es la grandiosa oportunidad o las grandiosas oportunidades que dicha situación o experiencia me están brindando?

_____

_____

_____

_____

Recuerda la frase que ya citamos: «Hay dos formas de ver la vida: una es creer que no existen milagros, la otra es creer que todo es un milagro».

Todo aquello que nos rodea y forma parte de nuestro día a día, incluso las cosas que suceden de manera repentina, si hacemos el esfuerzo por reconocerlas, pueden resultar en hermosos aprendizajes y bendiciones maravillosas de las cuales siempre podemos estar agradecidos y con las que podemos siempre llenar de amor, admiración y dicha nuestro corazón. Esto es para muchos difícil de entender y es por eso que la grandeza y el amor no son el hilo conductor de la vida de todos.

Ahora fíjate cómo puedes ver que eso que creías que era lo peor que te había sucedido, realmente sea un milagro, una bendición esperándote con los brazos abiertos. Así de grande y hermoso es este milagro del poder creador infinito traducido a las oportunidades.

Capítulo 5

EL MILAGRO DE LA BONDAD

E l quinto milagro del amor es la bondad. Cuando tenemos esa vida de fe, la bondad se convierte en nuestra arma más poderosa. Y la bondad no es más que otro acto de amor y de fe. Es ayudar a quien lo necesita, es dar ese pedacito de lo que somos a los demás, es vivir en ese estado en el que sabemos que no hay diferencia entre tú y yo, y cuando puedo reconocer eso, entonces trato a quien sea desde el amor, porque me reconozco en sus ojos, porque me reflejo en su vida, porque sé que desde el amor no hay separación entre esa persona y yo.

Somos uno, parte de la misma experiencia, parte de la misma creación, y en el momento en que conectamos somos la misma experiencia, la misma creación, el mismo momento, el mismo milagro: el de la vida consciente, el milagro del amor.

Porque cuando miro a tus ojos desde el amor, reconozco mi esencia en ti y no hay diferencia entre tú y yo. Quedamos fundidos eternamente por ese instante a través del cual vivimos la grandeza de ese otro ser humano en nosotros mismos, en nuestra vida y en nuestra experiencia.

En este momento sabemos que nuestro propósito de vida es servir a los demás seres humanos dejando una huella en sus corazones.

Un acto de bondad es un milagro; un acto de bondad hacia otro ser vivo es siempre un acto de amor.

Una de las características de las personas más dichosas en el mundo es que sienten que su vida vale la pena cuando están al servicio de otras personas, cuando sus actos impactan de manera positiva la vida de muchísima más gente a su alrededor. Por naturaleza somos creaturas sociales, vivimos con otros seres humanos, crecemos y nos desarrollamos en sociedad. Nos necesitamos los unos a los otros. Tú eres parte fundamental de mi vida. Sin ti leyendo estas palabras en este instante no tendría sentido para mí haber escrito este libro. Gracias a ti es que el acto de haber escrito un libro cobra sentido. ¿Te das cuenta cómo sin ti yo no tengo efecto alguno? Porque el efecto en la vida de un ser humano se da desde la consciencia, pero la consciencia viviente y que siente, que no es ninguna otra más que la tuya. Nos necesitamos los unos a los otros. Sin embargo, el ego genera esa separación que nos convierte en seres egoístas y aislados, perdemos por completo el sentido de unidad, el sentido de que «yo soy por ti y tú eres por mí», y cuando actuamos desde el miedo a perder y a dejar de ser es que surgen los problemas y las dificultades. El amor tiene un papel completamente distinto. Su propósito es unirnos como seres humanos en todos los sentidos habidos y por haber. El amor es incluyente, no excluyente; el amor es compasivo, no egoísta; el amor es bondad pura. Por eso este milagro es uno de los milagros que más genera milagros. Me refiero a esto porque cuando realizamos actos de bondad en las personas recibimos muchos milagros más a cambio.

Hace poco escuché una historia que ilustra perfectamente bien este milagro:

En las calles invernales de la ciudad de Chicago vagaba un niño hambriento. Henry era su nombre. Tenía más de dos días sin probar nada más que la nieve sucia que se derretía en su boca para saciar un poco su sed.

Después de mucho caminar y de mucho esfuerzo se topó con un hombre. Al igual que él, parecía no tener un lugar donde vivir más que las calles de la fría ciudad. El hombre decidió compartir con Henry lo poco que tenía. Lo vistió y alimentó hasta que Henry tuvo la fuerza necesaria para seguir adelante.

Te imaginarás que para Henry este señor fue su salvador. Fue verdaderamente como un ángel para él. Una alma bondadosa, llena de amor y cariño, y a pesar de que no tenía mucho, lo que tenía lo compartió con aquel niño que solo disponía de una enorme esperanza y muchas ganas de crecer, aprender y tener una vida maravillosa.

Pasaron los años y Henry nunca volvió a saber nada de aquel señor barbudo y desaliñado. Sin embargo, él siguió en las calles haciendo aquello que mejor sabía hacer: sobrevivir para ayudar a las demás personas con lo que podía. Y cuando su amor era lo único que tenía, entonces no se limitaba y era esto lo que las demás personas recibían de él.

Después de unos veinte años de aquel encuentro, la memoria del señor comenzó a fallar y su salud comenzó a deteriorarse hasta que un día no tuvo las fuerzas suficientes para levantarse. Su cuerpo simplemente no le respondía. Sus piernas no lo podían llevar a donde él quería. Automáticamente un miedo inmenso invadió cada célula de su ser: ¿qué sería de él? Y sin más, quedó desmayado en el suelo frío y solitario de aquella enorme metrópolis.

A los dos días, una persona que conducía una ambulancia se apiadó de aquel hombre moribundo y lo llevó inmediatamente a un hospital público que había por el rumbo. No obstante, la demanda de pacientes enfermos y en mal estado era tal que el hombre no podía recibir los tratamientos y las intervenciones necesarias a tiempo para que tuviera una segunda oportunidad de vida.

Dos días después de haber estado esperando en este hospital público, los enfermeros lo llevaron a un hospital privado. Ahí se le dio la atención debida. Todos los estudios que necesitaba le fueron realizados, lo intervinieron de la manera correcta y de esa forma el señor tuvo una segunda oportunidad de vida. Sin embargo, él sabía perfectamente que no iba a poder pagar por todo eso.

Cuando preguntó qué sucedería con él y con la cuenta del hospital, ya que tampoco contaba con seguro, una enfermera le dijo: «Señor, no se preocupe. Su cuenta del hospital y absolutamente todo, ya ha sido pagado».

No podía creer lo que estaba sucediendo y rápidamente preguntó: «¿Pero cómo? ¿Quién ha hecho semejante cosa? Debe haber un error. Yo no tengo familia, yo no tengo a nadie que vea por mí».

En ese instante una voz detrás de él le dijo: «Te equivocas. Me tienes a mí. Hace muchos años tú me salvaste la vida y en ese momento me di cuenta de que quería dedicar mi vida a hacer exactamente lo mismo. Después que tú me vestiste y me alimentaste con lo poco que tenías, nació el sueño en mi corazón de convertirme en un doctor. Los años pasaron y hoy soy el director de este hospital. Por muchos años he pasado por la calle y sin que supieras te llevé ropa y comida, tal cual lo hiciste conmigo. Lo hice siempre de manera anónima, pero cuando un día no te vi, mandé a investigar qué había sucedido contigo. Después de dos días te encontramos en un hospital público al borde de la muerte. Cuando me enteré de que estabas tan grave no pude hacer otra cosa más que traerte aquí y atenderte yo mismo, cobijarte con ropa y alimentarte con sopa caliente, la misma que tan amablemente me diste aquel día invernal, aquel día en que el aire congelado calaba hasta los huesos. Esa sopa fue no solo alimento para mi estómago, lo fue también para mi alma, y hoy esto es lo mínimo que puedo hacer por ti. No estás solo amigo mío. Me tienes a mí, hoy y siempre».

Un par de lágrimas resbalaron por las mejillas de aquel viejo. Alguien en el mundo había visto por él, le había salvado la vida. Todo porque un día, a un muchacho necesitado le habían regalado un poco de ropa y lo habían alimentado con aquella desabrida pero caliente sopa.

La bondad es un acto maravilloso. Realmente somos seres humanos cuando podemos dar de manera desinteresada, no necesariamente bienes materiales, pero sí amor, cariño y dedicación a quienes de otra manera no lo hubiesen podido recibir.

El ser bondadoso recibe con creces. Cuando realizamos actos de bondad, la recompensa es mucho más grande que lo que jamás hubiésemos imaginado. En todos los sentidos y siempre, siempre, hay una recompensa. Siempre, mientras nuestros actos nazcan del amor.

En el decurso de mi vida me he topado con muchas personas que realizan aparentes actos de bondad; sin embargo, me he dado cuenta de que esos «actos de bondad» no están inspirados en el amor sino en el ego. Hacen las cosas únicamente para quedar bien con alguien, o para que los demás las vean y piensen que son personas de bien, o simplemente por un beneficio propio. Eso no funciona, porque el motor que impulsa a realizar el acto es la carencia y no la abundancia, es el miedo y no el amor; la carencia de atención, de cariño, de importancia. Todas esas emociones y necesidades emocionales surgen a partir de la separación. En cambio, cuando el acto es un acto de amor, entonces sucede el milagro. Nos sentimos realmente vivos y en comunión con la otra persona. Generamos esa «unión en común» con otro ser humano, y en ese instante nuestra vida cobra un sentido más profundo, un sentido compartido. En ese momento ya no es mi vida, es nuestra vida. Estamos tocando el corazón de otra persona de manera genuina. El milagro es el momento de unión, de fusión con el otro ser humano, no el acto per se.

Wayne Dyer narra el poder que tienen los actos de bondad. Él dice que cuando una persona realiza un acto de bondad, los efectos que ese simple acto generan en el sistema inmunológico y en la salud mental y emocional de la persona que lo «recibe» son extraordinarios. Pero no solo eso, cuando se realiza un acto de bondad, quien «realiza» ese acto tiene exactamente los mismos resultados, lo cual es increíble. Eso quiere decir que en el momento en que una persona ayuda a otra y realiza desde el amor un acto de bondad, entonces se está ayudando a sí misma en igual magnitud que a la persona que recibe la ayuda. Y eso no es todo, todas las personas que presencian ese acto, ese pequeño pero maravilloso milagro, tienen exactamente el mismo efecto positivo. Esto genera un efecto hermoso, como cuando lanzamos una piedra al agua y las ondas repercuten mucho más allá de donde la piedra cayó. Lo mismo pasa cuando actuamos desde el amor y ejercemos actos de bondad hacia las demás personas.[1]

Esto desde mi perspectiva es trascender. Cuando entiendo que mis actos causan un impacto maravilloso en cada persona que está presente y conectada con ese acto me convierto en un guerrero del bien. No importa si los espectadores querían o no recibir un beneficio en su vida. Lo harán ante la presencia consciente de un acto de bondad.

Sin embargo, la bondad es mucho más que simples actos. La bondad, al igual que casi todo, es una decisión, pero también es un estilo de vida.

Yo puedo decidir por la bondad siempre. Aunque esto no quiere decir que sea fácil. Tampoco quiere decir que la bondad sea complaciente. Muchas veces lo mejor para una persona es alejarse de relaciones nocivas y de personas con mala influencia y mala actitud. Muchas veces alejarnos puede ser este acto de bondad.

Cuando una relación no es fructífera y vive en codependencia, manipulación y control, lo más sano para ambos sería terminar con esa relación si no se ha sabido poner fin a todas esas actitudes negativas. Pero el ego y el miedo, en vez de la unión, generan dependencia, es por eso que cuesta tanto trabajo y duele tomar este tipo de decisiones.

Otro ejemplo es cuando estás educando a un hijo. Muchas veces lo más fácil es querer solucionarle la vida, ayudarlo cuando quiere algo o se siente mal. Sin embargo, cuando se ayuda a una persona que puede y es capaz, una persona que realmente no necesita la ayuda y podría hacerlo por sus propios medios, entonces lo que se le está haciendo es atrofiarla. Se le está dando todo sin que haya un esfuerzo a cambio, lo cual resulta en desvalorar aquello que se le está otorgando.

Lo que se da sin que haya un esfuerzo o trabajo a cambio nunca es valorado, puede que a la larga sea incluso hasta despreciado.

El valor como tal es una idea que provoca y genera emociones, que nos hacen querer o apreciar ciertas cosas, pero no es más que eso: una idea. Por lo tanto, el valor es un acuerdo.

Pensemos por ejemplo en dos billetes.

Si tuviéramos uno de mil pesos y otro de doscientos pesos, ¿cuál preferirías si pudieras elegir únicamente uno? La respuesta es obvia:

el noventa y nueve por ciento elegiría el de mil y el otro uno por ciento, no sé por qué, siempre escoge el de menor denominación; siempre que hago esta pregunta en las conferencias que imparto hay unos pocos locos que prefieren el menor. La razón por la cual elegimos el de mayor denominación es simple: vale más. O al menos creemos que vale más.

Pero ¿realmente es más «costoso» un billete que otro? El banco que los imprime paga exactamente lo mismo por imprimir uno o el otro. Sin embargo, como sociedad hemos llegado a un acuerdo, el acuerdo respecto al valor.

Igual sucede con nosotros los seres humanos, nos hemos puesto un valor y el intercambio de ese valor se refleja en nuestro estilo de vida.

Por eso el milagro de una vida consciente es tan, pero tan poderoso: cuando cobramos consciencia de nuestro verdadero valor automáticamente aumentamos de valor y nuestro poder creador incrementa en la misma medida.

Debemos actuar muy enfocados y al mismo tiempo resueltos, sin miedos, sin ataduras y sin preocupaciones para poder detonar esa fuerza y ese poder creador sin límites que yace dentro de cada uno de nosotros y comenzar a actuar desde la bondad. Si no somos creadores conscientes, entonces cómo vamos a crear el ambiente favorable que necesita el mundo para crecer y para triunfar, cómo vamos a crear ese ambiente de amor y de bondad.

La gran mayoría de las personas vive desde este miedo y la angustia de que algo suceda o no suceda: ganar dinero, vivir con salud, resolver problemas, salir de deudas y todo tipo de situaciones. El problema de la angustia o inseguridad es que nos enfoca en el resultado que no queremos y, por lo tanto, le da importancia y relevancia a nuestra mediocridad, a nuestro miedo. Cuando actuamos desde la bondad sucede todo lo contrario. Nos estamos enfocando en las cosas positivas tanto de nosotros mismos como de las demás personas. Vemos en qué podemos ayudar al otro, de qué manera es una persona buena, de qué manera puedo agregarle valor y hacer que su vida tenga una mayor relevancia.

¿Qué sucede? Más de todo eso para nuestra vida.

A donde va mi enfoque, va mi energía. Y a donde va mi energía, van mis emociones. Y ahí a donde van mis emociones, van mis acciones y, por lo tanto, mis resultados.

Es por eso que aquello en donde yo me enfoque crece y se hace más fuerte. La alternativa milagrosa que te estoy proponiendo en este instante es que te enfoques en el bien, en lo bueno que hacen las personas. Que si vas a decir algo, que únicamente sean cosas buenas; que si vas a opinar respecto a algo, que únicamente sea para bien y para ayudar a las personas, a través de comentarios positivos; que si vas a educar a alguien o a hacer algo, lo que sea, sea a través de la bondad, de este milagro extraordinario del amor.

Yo sé que en primera instancia puede resultar algo loco y descabellado, pero te invito a que lo pruebes y te sorprenderás de cómo tu estado emocional y, por lo tanto, la calidad de tu vida se verá transformada de una manera increíblemente positiva en muy poco tiempo. Si solo dejas espacio para pensamientos positivos en tu mente, si solo dejas espacio para manifestaciones positivas en tu vida. Realmente es así de sencillo.

La razón es porque tú y yo creamos nuestra realidad a través de nuestra consciencia y a través de ella le damos un significado a nuestro presente.

Que tu presente sea un regalo de bien para las demás personas, que sea un regalo de bienestar para la humanidad. Que el mundo sea un mejor lugar porque estuviste aquí, y que tu vida sume, multiplique y marque positivamente los corazones de las personas a través del milagro de la bondad.

Te voy a dejar algunos ejercicios. Como sabrás, las preguntas controlan nuestro enfoque y, por lo tanto, el tipo de emociones que podemos sentir en un momento dado, así que ahí las tienes.

PREGUNTAS PARA LA REFLEXIÓN

1. ¿Cómo se ve la bondad en el mundo?

   _____

   _____

   _____

   _____

2. ¿Cuántas oportunidades he dejado pasar al no ser bondadoso?

   _____

   _____

   _____

   _____

   _____

3. ¿Cómo me voy a beneficiar al ser bondadoso?

   _____

   _____

   _____

   _____

   _____

4. ¿A cuántas personas puedo realmente impactar simplemente a través de mi bondad?

   _____

   _____

   _____

   _____

5. ¿Qué tipo de actos y de emociones predominan en mi vida y a qué me comprometo a partir del día de hoy?

   _____

   _____

6. Ahora que has respondido estas preguntas, toma una decisión relevante de hacer un acto de bondad al día. Ese acto puede ser ayudar a un ciego a cruzar la calle, ayudar a una persona a cargar en el supermercado, o simplemente dedicarle hermosas palabras a un desconocido. Utiliza tu poder creador para hacer el bien. Lo importante es que generes un compromiso real con hacer este ejercicio a diario. Te darás cuenta de que después de algunos días comienza a ser más que un ejercicio un hábito, un estilo de vida, y así como eres una fuente de bondad y de milagros para las demás personas, lo serás también para contigo mismo.

7. Agradece toda la bondad que hay en tu vida y toda la bondad que viene hacia tu vida. Da gracias por todas las cosas hermosas que están en camino, que ya se han manifestado y sobre todo por el momento presente, tan efímero y, sin embargo, tan eterno.

Capítulo 6

EL MILAGRO DE LA TRASCENDENCIA

Plasmamos nuestra vida en momentos, momentos que nos definen y momentos que compartimos con otros seres humanos. Cuando compartimos es cuando nos sentimos vivos, cuando realmente dejamos parte de nuestra esencia en otro ser humano y a través de nuestro ejemplo trascendemos en su forma de ver la vida o en su manera de accionar. Como seres humanos lo que buscamos es trascender, dejar un legado, dejar un nombre que siga resonando en el paso del tiempo a pesar de que ya no estemos presentes, a pesar de que transcurran los días, los años, los milenios y ya no estemos en este plano terrenal.

Esta emoción e idea de trascender nos genera un sentimiento altamente poderoso, nos mueve interna y externamente, y las personas que viven con esta emoción son personas que yo considero *imparables*.

Por desgracia hay muchas personas que enfocan este sentido o necesidad de trascender desde una perspectiva completamente equivocada: *el dolor*.

Como lo hemos platicado anteriormente, el ser humano vive a través de momentos y experiencias emocionales. Así es como recordamos y posteriormente contamos nuestra vida. En otras palabras, la manera que tenemos como seres humanos de trascender es creando emoción o emociones en las demás personas, y para trascender tenemos entonces dos maneras de hacerlo.

1. Llegar al mayor número de personas posibles.
2. Crear la mayor cantidad de emoción posible en la persona o las personas a las cuales llegamos.

Cuando no tenemos un propósito claro nos resulta muy sencillo crear ese sentido de trascendencia de muchas formas negativas. La misma intensidad emocional y el impacto en un número grande de personas se puede lograr tanto haciendo el bien y agregando valor, como haciendo todo lo contrario.

¿Conoces a algún personaje en la historia que haya hecho precisamente esto último?

¿Conoces o has conocido a alguien que ha buscado trascender y dejar una huella a través del dolor?

¿Alguna vez has convivido demasiado con alguien así?

Esas formas de vida son un simple ejemplo de trascender a través del dolor. Lo que tú y yo vamos a lograr en nuestras vidas es, obviamente, trascender a través del amor; ese es el motivo de este libro, y lo haremos sumando vida y construyendo un presente positivo en la vida de las personas.

Creo fervientemente en la repercusión de nuestros actos. Creo que todo lo que hacemos está conectado. No somos seres aislados como nos han dicho. No somos individuos solos como nos han hecho creer. Todos somos uno. Vivamos desde el amor o no. Cuando vivimos en el amor, nuestra repercusión se convierte en trascendencia; sin embargo, todo lo que hacemos repercute.

UN PROPÓSITO DE VIDA

Las personas que trascienden de manera positiva lo hacen porque tienen un propósito en la vida. Tienen una misión clara y específica.

Un propósito real para mí tiene tres elementos claves:

1. Es un acto de fe.
2. Es un acto de amor.
3. Es un acto de trascendencia.

Ya hemos hablado del milagro de la fe y del milagro del amor, y lo que quiero denotar aquí es que estos milagros en conjunto generan esa trascendencia que tanto buscan los seres humanos. Esta trascendencia nada tiene que ver con la fama o con el poder. La fama y el poder son ideas ilusorias y pasajeras puesto que están basadas en el ego y la separación. «Yo soy más famoso o conocido que tú», «Yo tengo más poder que tú». Son conceptos o ideas que surgen de una comparación de dos o más personas en donde una de ellas, desde el punto de vista del ego, sale perdiendo o tiene menos, vale menos o merece menos. Hay muchas personas muy conocidas que han hecho cosas extraordinarias que pudiesen ser consideradas como famosas o poderosas, sin embargo no es su definición. El ser trascendente lleva consigo la bandera de la fe, del amor y de la trascendencia a través de un propósito de vida claro y específico en el cual no importa lo que la sociedad piense, haga o diga. Nos movemos por la fuerza interna del amor y no por la fuerza interna del ego.

Lo más importante de un propósito no son sus tres elementos, sino que sus tres elementos están definidos como actos. La trascendencia se inicia, desenvuelve y termina en uno o varios actos, y esos actos son milagros cuando vivimos desde el amor. Es por ello que únicamente desde el amor se puede alcanzar la verdadera trascendencia. Lo único que perdura y sobrevive la barrera o la idea del tiempo y el espacio es aquello que nace en el amor y lleva por esencia al amor.

Una vida con propósito es una vida con sentido. Una vida sin propósito es una vida sin sentido y sin dirección. Cuando nos subimos a un automóvil o a un vehículo cualquiera lo hacemos porque queremos llegar a un destino muy particular. Y si nosotros no tuviéramos un destino, entonces no tendría sentido alguno que nos subiésemos al vehículo. Es ilógico pensar que alguien haría algo así, que únicamente fuera por el hecho de ir, que únicamente se subiera a un automóvil para ir. ¿A dónde? Ni idea, simplemente ir. Nadie lo hace y si alguien lo hiciera se le catalogaría como loco.

Imagina el siguiente escenario:

Juan, después de haber manejado por dos horas, sintió un movimiento brusco y repentino en su automóvil. Acto siguiente, el coche se detuvo. Inmediatamente fue a levantar el cofre (la parte del automóvil que contiene el motor) y ver si todo estaba en orden. Al parecer no había nada fuera de su lugar. Por unos minutos revisó todo sin encontrar absolutamente nada. Entonces se percató de algo: se había quedado sin gasolina. Lo pudo haber revisado desde el inicio, pero el susto y la preocupación de que fuese algo más grave no le permitió ver lo simple, lo obvio.

Unos minutos más tarde un señor que iba pasando en su automóvil le preguntó a Juan: «¿Señor, está todo en orden?».

A lo que Juan respondió: «Sí, señor, gracias, lo que pasa es que me he quedado sin gasolina y como no conozco la zona no sé para dónde ir».

«Bueno», le dijo el señor, «este es tu día de suerte porque yo estoy dispuesto a llevarte a donde tú te dirigías, así que súbete a mi auto, y después que tus amigos o familiares te traigan de regreso, no sin antes pasar por una gasolinera».

Inmediatamente Juan le respondió: «Le agradezco mucho su amabilidad señor, pero creo que no me puede ayudar».

«Pero, ¿por qué?», dijo de manera incrédula el señor.

«Bueno, porque yo no sé a dónde voy», le respondió Juan tristemente.

«Pero joven, no entiendo, ¿entonces para qué iba en su auto? Tenía que ir a algún lugar, si no, ¿cuál es el propósito para subirse a su coche?».

«Solo iba...».

«Pero joven... ir solo por ir no tiene ningún sentido... ¡ningún sentido!».

Y es verdad, no tiene ningún sentido, y cuando vamos por la vida solo por ir, al igual que Juan, nos vamos a quedar tarde o temprano sin gasolina.

¿Cuántas veces en nuestra vida somos ese conductor sin destino o ese pasajero que no sabe a dónde va, sin embargo... va? Y así vamos por la vida sin tener claro a dónde, sin tener claro por qué, y cuando se nos acaba la gasolina lo que sufrimos es estrés, dolor y muchas veces tenemos una gran caída emocional.

Te voy a contar parte de mi historia y de cómo fue que yo, después de «haberme quedado sin gasolina», encontré mi propósito de vida.

EL PRIMER DÍA DEL RESTO DE MI VIDA

Era el 26 de abril de 2006, un miércoles a las cuatro y cincuenta de la tarde. A los dieciséis años de edad y cursando tercero de secundaria, me encontraba yo «estudiando» en el despacho de mi casa. Digo estudiando entre comillas muy grandes porque realmente estaba jugando en la computadora mientras debía estar repasando para mi examen de informática del día siguiente.

De repente mi hermana Amy tocó a la puerta y muy agitada me dijo:

«Chico» (ya conoces ahora el apodo que usa mi hermana conmigo XD), «¿me puedes acompañar al dentista?».

Con algo de flojera accedí a su petición y acto siguiente salimos rumbo al metrobús, estación «Félix Cuevas», que se encontraba a tres cuadras de donde vivíamos. Al llegar al dichoso transporte mi hermana se percató de que se había equivocado terriblemente. Su consulta no era a las cinco y treinta como ella había pensado, era a las cinco en punto y ya eran las cinco y cinco de la tarde.

Inmediatamente me lo comunicó y para mí se presentó una oportunidad maravillosa: manejar.

Verás, yo tenía dieciséis años y mi permiso de conducir estaba todavía calentito, lo acababa de sacar. Así que sin querer perder una sola oportunidad, y sumamente emocionado, le dije a mi hermana:

«Cheni» (ahora ya conoces cómo le digo yo a ella XD), «vamos a hacer unas carreritas de aquí a la casa».

Echamos a correr y justo cuando estaba afuera de mi casa, justo en la puerta, sucedió, de un segundo al otro, sin avisar absolutamente nada, ese momento que cambiaría mi vida para siempre. No sé si te ha sucedido cuando te levantas muy rápido y te mareas, y sientes que te vas a desmayar, que todo se pone negro, bueno pues algo muy parecido me sucedió: todo se puso negro, sentí que me iba a desmayar y todo el lado derecho de mi cuerpo quedó adormecido.

Mi reacción inconsciente fue atacarme de la risa; sin embargo, yo sabía perfectamente que algo no estaba bien. Mi hermana, muy preocupada, fue a buscar ayuda y encontró «de pura casualidad» al chofer de una tía que vivía muy cerca cruzando por nuestra casa. Él y mi hermana me llevaron adentro de la casa y mi hermana fue a buscar inmediatamente a mi abuelo.

Cabe mencionar que estábamos solos. Mi padre ya había fallecido desde que yo tenía tres años y mi madre se encontraba fuera del país (situación por la cual manejar había parecido todavía una idea más emocionante), así que estábamos Amy y yo.

A los pocos minutos llegó con mi abuelo Fausto, que en paz descanse. Fausto Trejo (Patito), un gran ser humano, luchador social, excelente orador, quien había sido preso político por ser uno de los principales organizadores del movimiento de 1968, era también un psiquiatra extraordinario, así que se dio cuenta inmediatamente de que mi problema era bastante grave.

Junto con mi tío Demetrio, fuimos al hospital de neurología, pero nos marchamos porque se tardaban demasiado y según su diagnóstico no era tan grave lo que me sucedía. Así que después de neurología visitamos el «Gea González», el cual también abandonamos rápidamente porque no había tomógrafo.

En fin, lo evitable pero inevitable, nos dirigimos a un hospital privado. Mi abuelo sabía que mi vida dependía de ello: Médica Sur. La atención fue pronta y al cabo de unos estudios encontraron un coágulo de sangre obstruyendo una vena importante en mi cerebro. Más aún, había ya una parte importante de mi cerebro afectada.

Yo recuerdo muchos momentos, recuerdo la cara de mi hermana angustiada, pero actuando y resolviendo. Recuerdo su cariño y también su desesperación. Recuerdo a mi abuelo, paciente, pensativo; recuerdo a mi tío, enfocado, consternado. Recuerdo neurología, la banca del «Gea González» en donde esperé sin saber qué sucedía, y sobre todo recuerdo la camilla fría y dura de Médica Sur, ese lugar encortinado a través del cual resonaron palabras aterrorizantes, versos que nadie quiere escuchar, pero de los cuales estoy infinitamente agradecido por todo el valor que le agregaron a mi vida, por todas las enseñanzas extraordinarias que me dejaron. Fue el diálogo entre un doctor de Médica Sur y mi abuelo (que también era doctor).

«Doctor Trejo», le decían a mi abuelo, «lamento decirle que su nieto va a fallecer muy pronto. Tiene una embolia. Intentaremos hacer todo lo posible, pero lo más seguro es que muera. Lo mejor que puede hacer usted y su familia es ir a despedirse de él».

¿Qué pasaría si escucharas esas palabras? ¿Qué sentirías, qué pensarías, qué pasaría con tu vida?

Te voy a decir que mi primera sensación fue de mucho, mucho, mucho, mucho miedo. Pánico total. ¿Sabes? Estaba completa y totalmente aterrado, pero no tanto ante la idea de morir, sino ante la idea de que todas aquellas cosas que siempre quise, todos los sueños que había tenido, todas mis aspiraciones y deseos profundos, no los había realizado. Mi miedo había sido más grande que mi hambre por crecer y triunfar. Mis ideas de mediocridad habían sido más poderosas que mi fe y mi deseo de dedicar mi vida a la grandeza.

Alguna vez escuché que el infierno no es este lugar lleno de fuego y miseria después de la muerte, sino llegar a tu lecho de muerte y darte cuenta de todo lo que pudo haber sido tu vida y por el miedo no lo fue.

En ese momento estaba yo enfrentando mi infierno.

Después de unos minutos, que para mí parecieron eternos, comencé a perdonarme. A perdonarme por todas las cosas que no hice y pude hacer. Comencé a aceptar mi muerte desde el amor, no desde la angustia.

Mi familia comenzó a entrar al cuarto. Me abrazaban y me decían que todo iba a estar bien; sin embargo, yo sentía en su voz y las miradas repentinas que alcanzaba a ver, ya que solo podía ver muy poco, que ellos se estaban despidiendo de mí. Había escuchado muy claramente las palabras de aquel doctor, bendito doctor.

De inmediato pensé en mi madre. Mujer hermosa, mujer maravillosa. No he conocido ejemplo más grandioso de fuerza y de grandeza en mi vida. Viuda y con cuatro hijos. Nos sacó adelante a los cuatro, teniendo dos y hasta tres trabajos, trabajando hasta dieciocho horas al día sin descanso para poder pagar los gastos de una familia numerosa y muy hambrienta. Había veces en que ella tenía que escoger entre comprar jamón o ponerle gasolina a la vieja Tsubame azul con la cual nos transportaba. Siempre con la mirada, pero sobre todo con el corazón en lo alto, nos sacó adelante. Siempre con ese ejemplo de fuerza, de amor, de integridad. Yo sé que estas líneas no son suficientes para describirte la admiración, el amor y el respeto que le tengo a mi madre, me faltarían páginas en este libro para decirte verdaderamente todo lo que ella representa en mi vida y lo agradecido que estoy con ella no solo por haberme dado la vida, sino por haberme enseñado a vivir.

Pensaba en ella, que no estaba. Pensaba en que estaba lejos, en cuánto la amaba, en que si hubiera tenido un deseo antes de morir hubiese sido poder ver sus hermosos ojos azules una vez más, poderle expresar cuánto la amaba una vez más, poderle decir simplemente: gracias, te amo. ¿Sabes? No recordaba las últimas palabras que le había dicho, no sabía si habían sido palabras de amor o palabras de enojo; sin embargo, en este mismo momento en que me encuentro escribiendo estas líneas a más de diez mil pies de altura viajando de Monterrey a la Ciudad de México, puedo decirte que las últimas palabras que le dije a mi madre fueron: «Gracias, te amo», y una lágrima de amor profundo y de gratitud resbalaba por mi mejilla.

¿Recuerdas tú cuáles fueron las últimas palabras que le dijiste a la persona que más amas? ¿Recuerdas con qué emoción te despediste de tus seres queridos? ¿Recuerdas con qué impresión dejaste a las últimas personas con las que conviviste?

La vida no me había dado tiempo, no me había dado tiempo para despedirme. ¿O tal vez sí me lo dio, pero no supe apreciarlo y aprovecharlo al máximo? Tal vez me enfocaba tanto en mi ego y en el miedo, que no dejaba espacio para el amor y la gratitud que tanto sentido y significado le dan a nuestra existencia.

En donde quiera que mi madre se encuentre ahora yo le digo: gracias, te amo y siempre te amaré.

¿Sabes? Después de un tiempo, igualmente eterno, igualmente efímero, sentí paz. Paz y aceptación total: mi vida iba a terminar y no había nada que yo pudiese hacer. ¡Qué rápido sucedió todo! ¡Qué rápido se fue este instante de vivir! No fue más largo que un pestañeo, no fue más largo que un instante. Di siempre todo por sentado, como si fuese a vivir eternamente, y ahí estaba yo: dando mis últimas bocanadas de aire, mis últimos pestañeos, mis últimos momentos de consciencia en esta vida. ¿Qué me deparaba? No lo sé, pero estaba seguro de que no era algo malo; era simplemente lo que seguía. ¿Cuántos segundos, cuántos minutos me quedaban? Tampoco lo sabía, pero eran los últimos.

No creo que la muerte sea mala, creo que lo malo es no haber aprovechado al máximo la vida. Después de ese evento me di cuenta de que no importa cuándo llegue nuestro último día, siempre podemos pensar que nos faltó tiempo si no vivimos al máximo cada instante de nuestras vidas.

Te quiero preguntar: ¿cuántos años tienes?

Vamos, escribe tu respuesta justo aquí: _____

Sin pena alguna, no pasa nada. Yo te puedo decir una cosa: eres un mentiroso o una mentirosa si escribiste tu edad. ¿Te das cuenta de que la edad que tienes no son los años que tienes? Realmente no sabemos cuántos años tenemos, ni cuántos meses tenemos ni cuántos días tenemos. Solo sabemos que tenemos este instante, este momento maravilloso para manifestarnos de manera consciente y expresarnos como seres humanos. Y es este momento tan maravilloso, tan valioso y tan preciado al que le llamamos «presente» por ser ese regalo divino. Es nuestro presente, o nuestra percepción de él lo que le da sentido a nuestra vida, y un sentido profundo es un sentido de amor.

Ese 26 de abril morí para renacer como un ser humano distinto. El mismo ser si lo quieres ver así, pero con una consciencia distinta: comencé a valorar mi vida y mi presente, comencé a verlo como un «presente», un regalo y no como un tiempo gramatical. Comencé a valorar todo a mi alrededor, desde el latir de mi corazón, la presencia de un familiar querido, el cantar de los pájaros, el olor de una flor, la lluvia, una bocanada de aire.

Ponte a pensar todas las cosas hermosas y grandiosas que te rodean en tu presente. ¿Realmente no te sientes el ser humano más abundante del mundo?

Ahí comenzó una nueva etapa de mi vida.

Desperté al día siguiente prácticamente ciego. No podía ver en un ochenta por ciento. Hoy solo me falta entre un cinco y un siete por ciento de mi campo visual, pero ¿sabes?, ha sido el mejor trato que he hecho en mi vida. Me falta un poco de vista, pero mi visión ante la vida es otra por completo, ahora tengo la visión necesaria para ver lo verdaderamente importante. Por tanto y tanto tiempo lo tuve frente a mis ojos y ahora lo podía ver.

Hice un compromiso conmigo ese día, un compromiso que honro hasta al día de hoy: no volveré a vivir un solo día desde la mediocridad, no desperdiciaré mi vida como lo hice anteriormente. ¿Por qué no vivir desde la grandeza? ¿Por qué no darlo absolutamente *todo*? ¿Encuentras alguna razón para ser mediocre? Yo ya no, y no estoy dispuesto a serlo nunca más.

Ese día comenzó mi vida nueva. Tenía ahora un propósito, un propósito real. Ahora sé perfectamente que si tengo una segunda oportunidad es porque mi vida va a significar algo en verdad grande e importante, ahora sé que vine a este mundo a trascender y a dejar una huella. Supe en ese instante que mi vida no solo significaría algo para mí, también lo significaría para las demás personas; hoy ese propósito ha llegado inclusive hasta tu vida y te diré algo: no es ninguna casualidad.

Muchos me preguntan si es necesario vivir algo fuerte o estar a punto de perder la vida para tener un cambio grande y un momento de transformación, y puedo afirmarte que ayuda pero no es necesario. Solo hace falta que comiences a apreciar todo aquello que tienes en tu vida y que comiences a darle un valor y un sentido a tu existencia. Hace falta que tomes una decisión: comenzar a vivir desde el amor.

Por eso yo creo que más que un sobreviviente a la embolia, soy un sobreviviente a la mediocridad.

Por eso creo fervientemente que en la vida de las personas hay dos días importantes, dos días que deberíamos celebrar de manera cultural: el día en que nacemos y el día en que descubrimos para qué. De esos dos días solamente celebramos el primero.

Entonces te pregunto: ¿tú sobrevives al día a día o has descubierto tu propósito en la vida?

Es por ello que me he enfocado tanto en mis cursos, seminarios, grupos de mentores y equipos de alto rendimiento, para ayudar a las personas a detonar ese ser extraordinario que llevan dentro, a despertar verdaderamente a su grandeza, a apreciar lo valioso de su vida y a no permitirse vivir en la mediocridad. Que el estándar de su vida sea únicamente un estándar de excelencia y de grandeza, el estándar que nuestro mundo merece de nosotros, el estándar que nosotros merecemos de nosotros mismos.

La frase que más caracteriza mi transformación, aquel conjunto de palabras que llevo tatuadas en el corazón y cuyo mensaje me encantaría que llevaras en el tuyo, es la siguiente: *nunca permitas que una idea mediocre limite la grandeza de tu alma*. La razón es porque tú naciste únicamente con ideas de grandeza; las ideas mediocres no son tuyas, son aprendidas o aceptadas de personas mediocres, de otras mentes mediocres, pero tú viniste al mundo siendo grande, únicamente con ideas majestuosas, ideas de amor, de pasión y de inspiración.

Un propósito nace cuando hemos apreciado y reconocido la grandeza que hay en nuestro interior y creamos este compromiso, este pacto de por vida con nosotros mismos de que solo vamos a dar lo mejor que llevamos dentro y, por lo tanto, dedicaremos nuestra vida a la grandeza y al amor.

Nunca permitas que una idea mediocre limite la grandeza de tu alma.

LEY DE LA PERSPECTIVA

Si te das cuenta, lo único que cambia cuando cambia nuestra vida es nuestra perspectiva: la manera de entender el mundo y de procesar la información, pero más importante, la manera en la que nos entendemos y definimos a nosotros mismos.

La ley de la perspectiva tiene *todo* que ver con el milagro de la trascendencia. La perspectiva es aquello que nos hace actuar para generar la trascendencia que como seres humanos buscamos y, sobre todo, realizarlo desde el amor.

La razón por la que los seres humanos venimos a este mundo es esa: trascender. Y eso significa dejar una huella que marque positivamente la vida de las personas cuando nosotros ya no estemos. Es dedicar una vida de servicio para las personas que no hemos conocido y seguramente no conoceremos. Es la máxima expresión del amor.

La perspectiva es como un lente a través del cual interpretamos nuestra realidad y como tal y por lo mismo es extremadamente poderosa. Si tenemos una perspectiva negativa de las cosas entonces va a ser muy difícil que tengamos la capacidad para explotar nuestro potencial como seres humanos, y si en cambio tenemos una perspectiva positiva entonces nuestra actitud nos podrá llevar a sacar lo mejor de nosotros mismos.

Sin embargo, la perspectiva es también una herramienta extremadamente poderosa en el sentido de que es ella la que nos puede generar un apalancamiento muy poderoso y llevarnos a la acción, puesto que cuando utilizamos esta ley y la ponemos en práctica en nuestra vida, todo lo que hacemos estará alineado con nuestro propósito y estará fundamentado en el amor, y como tal viviremos ese milagro de la trascendencia.

Veamos más acerca de esta ley y seamos conscientes de cómo afecta nuestras vidas.

Quiero que te imagines tu vida. ¿Cuál es la expectativa que tienes de vida? ¿Cuántos años has pensado que vas a vivir: setenta, ochenta, noventa, cien, más de cien? Es más, quiero que escribas aquí cuántos años piensas vivir: _____

Los seres humanos vivimos los sucesos y las experiencias en base a nuestras expectativas, y tener la expectativa de nuestra vida en base a la expectativa de vida o de años de vida que tienen los seres humanos (literalmente hablando) es la perspectiva más normal que generamos; sin embargo, no es la más poderosa de todas, no es la que más nos conviene.

Partamos de todas formas de la suposición popular de que una vida bien vivida es una de cien años.

Mi pregunta sería: ¿crees que esos cien años es mucho tiempo? Una respuesta natural es: ¡sí es o sería todo el tiempo de mi vida! Sin embargo, cuando comenzamos a utilizar la ley de la perspectiva todo cobra un sentido distinto. Imagínate cuántos años tiene la ciudad en donde vives. Te aseguro que tiene más de cien años; ahora te pregunto: ¿es eso mucho tiempo? Sea cual sea la respuesta quiero que te pongas a pensar: ¿desde hace cuántos años habitan seres humanos en tu país? Te aseguro que esta vez sí estas pensando: *bueno, pues desde hace muchísimo tiempo.* Seguramente hubo nativos en las tierras en las que vives que estuvieron ahí desde hace cientos o miles de años. Mi siguiente pregunta sería: ¿cuántos años tiene el ser humano existiendo como homo sapiens? Y la respuesta es ¡más de setenta mil años! Y de esos setenta mil años únicamente tenemos treinta mil años fuera de África. Si te sigo preguntando y te digo: ¿cuántos años tienen los mamíferos en este planeta? La respuesta es cientos de miles de años. ¿Y la vida en este planeta? Millones de años. ¿Y como tal nuestro planeta? La cantidad de tiempo resulta ya casi impensable e inconcebible, pero es muchísimo tiempo. Más, mucho más de lo que aun podemos llegar a pensar, imaginar o concebir. ¿Y nuestro sistema solar y nuestra galaxia y nuestro universo? Ya en este punto estamos completamente rebasados por la grandeza, y nos podemos llegar a sentir muy pequeños como seres humanos ante la inmensidad del lugar donde vivimos, la cantidad de tiempo que ha transcurrido y la que todavía queda por transcurrir.

Ahora vuelvo a realizar la pregunta: ¿crees que esos cien años que te tocó vivir (en este supuesto) es mucho tiempo? La respuesta obvia es: ¡por supuesto que no!

¡Qué gran reflexión!

Y tú enfocándote en los problemas y tirando a la basura tu tiempo de vida.

Y tú quejándote de la vida y tirando a la basura tu tiempo de vida.

Y tú estresándote por las cosas más pequeñas, sin importancia, y tirando a la basura tu tiempo de vida.

Y tú preocupándote por situaciones completamente irrelevantes e insignificantes, y tirando a la basura tu tiempo de vida.

Y tú descansando en tu mediocridad en vez de actuar y luchar por tus sueños, y tirando a la basura tu tiempo de vida.

Tú y yo tenemos muy poquito tiempo. Nos han sido dados muy poquitos años de la eternidad para que los vivamos profunda y apasionadamente, para que alcancemos la grandeza dejando una huella de amor en las personas y la posterioridad. No nos sobran los años como para que los desperdiciemos y los tiremos a la basura. No nos sobra el tiempo para desperdiciarlo en odio, rencor y resentimiento. No tenemos la vida comprada y tampoco tenemos años de más como para que no dediquemos nuestra vida al amor y, por lo tanto, a la grandeza.

Así que:

Una vida de amor ya es una vida de grandeza.

Una vida de amor ya es una vida con propósito.

Una vida de amor ya es una vida con pasos de fe.

Una vida de amor ya es una vida de trascendencia.

Hagamos unos ejercicios que nos ayudarán a poner este milagro en acción. Es sumamente importante que los hagas porque te ayudarán a conectar con las razones que te llevarán a la acción y a una mejor vida. Por favor, llega hasta el final de este apartado contestando cada una de las preguntas.

1. ¿Si el día de hoy fuese tu último día, qué dirían las personas en tu funeral?

    _____

    _____

    _____

    _____

2. ¿Después de diez años, cómo te recordarían las personas, o acaso no te recordarían?

    _____

    _____

    _____

    _____

3. Ahora, por favor, escribe qué te gustaría que dijeran las personas en tu funeral.

    _____

    _____

    _____

    _____

4. ¿Te das cuenta de cómo el tiempo que tenemos no es más que un pestañeo?
    Escribe qué precio estás dispuesto a pagar para dedicar tu vida a la grandeza.

    _____

    _____

    _____

    _____

5. ¿Crees que vale la pena pagar este precio?

    _____

    _____

    _____

6. ¿Por qué? Aunque sea difícil, es importante encontrar siempre más razones y profundizar más.

    _____

    _____

    _____

7. Finalmente escribe una declaración. Esa frase que podrás gritar a los cuatro vientos y que cuenta la historia del ser humano que estás comprometido a ser, todas tus razones de peso y cómo te recordará el mundo y las personas que amas una vez que ya no estés aquí.

    _____

    _____

    _____

    _____

    _____

    _____

    _____

    _____

Capítulo 7

EL MILAGRO
DE LA ELECCIÓN

Nuestra elección es la manifestación del amor infinito de nuestra consciencia en nuestra vida, en otras palabras, del amor de nuestro Creador en nuestra vida. No tienen que tener mucho sentido para ti estas palabras; sin embargo, esta misma idea se quedará contigo hasta el término del libro. Es sin duda alguna la manifestación más poderosa del amor de Dios o el universo, o como le llames a tu creador, ya que junto con nuestro poder para crear o poder creador, el poder de decisión o libre albedrío es aquello que nos hace verdaderamente humanos.

¿Cómo sería la vida si no fuésemos nosotros quienes tomásemos las decisiones?

En el sentido más profundo, somos nosotros los que le damos un significado a nuestra vida. Nos han hecho creer que es nuestra vida la que nos da un significado a nosotros, pero este argumento es solo defendido por el miedo y el ego a los cuales nos hemos referido antes.

Yo creo fervientemente que el amor nos permite darle un significado correcto a nuestra vida: aquel que nosotros elijamos de manera consciente. Esta idea me llena de emoción y entusiasmo, de pasión y mucha admiración por la vida; yo decido qué significo como ser, como especie, como experiencia en este plano terrenal y, por lo tanto, como ser trascendente. Nadie más lo puede hacer, solo yo.

Quiero que por un momento reflexiones acerca de lo siguiente:

PREGUNTAS PARA LA REFLEXIÓN

1. ¿Qué significa tu vida hoy?

   _____
   _____
   _____
   _____
   _____

2. ¿Qué ha significado anteriormente?

   _____
   _____
   _____
   _____

3. ¿Qué te encantaría que tu vida significara?

   _____
   _____
   _____
   _____

4. ¿Por qué estarías dispuesto a morir?

_____

_____

_____

_____

5. ¿Por qué estarías dispuesto hoy a vivir?

_____

_____

_____

_____

Al leer tus respuestas a estas preguntas podemos conocer un poco más acerca de lo que es tu verdadera esencia y lo que ella quiere manifestar a través de tu experiencia humana, aquello que tal vez estaba dormido muy profundamente dentro de ti mismo.

Para mí, la primera elección consciente cuando me reconozco desde el amor es precisamente esa: qué decido que signifique mi vida.

¡Asómbrate por un segundo acerca de esta decisión que puedes tomar en tu vida desde ya!

La segunda decisión para mí, después del significado que le doy a mi vida, es el significado que le doy a aquello que yo percibo como mi realidad.

Verás, una cosa muy diferente es lo que yo percibo a través de los canales que tengo para entender el mundo y otra muy distinta es el significado que yo le doy a aquello que percibo.

Te lo explicaré.

Los seres humanos tenemos tres canales para percibir e interpretar nuestro mundo:

1. *Los cinco sentidos.* Todo lo que podemos ver, oler, escuchar, sentir con el tacto y a través de la piel y obviamente degustar.

Fíjate qué importantes son los cinco sentidos. Son la puerta que tenemos para el mundo y muchos de nosotros nos enfocamos puramente en explicar e interpretar el mundo solo a través de nuestros cinco sentidos. Esto quiere decir que vivimos a través de lo que percibimos que es real, que para nosotros es comprobable a través de una de estas cinco puertas de entrada de información.

Sin embargo, estas cinco puertas de información son solo cinco canales que tenemos para ver un espectro enorme de información que existe allá afuera, al cual no podemos acceder en su totalidad. Un ejemplo muy claro serían las estaciones de radio. De todo el espectro que existe, tanto de frecuencia como de amplitud modulada, imagina que solo podemos percibir cinco estaciones y, por lo tanto, pensamos que son todas las que existen.

2. *Un canal de percepción más elevado es la inteligencia o el uso de la razón.* Esto quiere decir que también puedo entender gran parte de mi mundo a través de lo que le «hallo sentido» al encontrar una explicación lógica a las cosas.

Es a través de este razonamiento que nacen las ciencias: la física, la química, las matemáticas, etc. En donde yo puedo entender que $1 + 1 = 2$ y en donde cada respuesta es infalible. No hay error porque las ciencias son exactas, nunca será $1 + 1 =$ otra cosa que no sea equivalente a $1 + 1$ como 2 o $(1,9 + 0,1)$ o $(1,8 + 0,2)$, etc.

Cuando esta manera de percibir lo que nos rodea predomina de una forma exagerada en nuestra vida, vivimos entonces con mucha rigidez mental. Y esto lo podemos observar en muchísimas personas. Buscamos los procesos, las normas, la certeza de que todo funcione a la perfección de una manera predeterminada porque nos da seguridad que sea de ese modo.

3. *Como tercer canal de percepción tenemos nuestras emociones, nuestros sentimientos sublimes y nuestras experiencias espirituales:* el amor, la felicidad, la dicha, el entendimiento o esclarecimiento, el miedo,

etc. Todas aquellas emociones que son meramente humanas, pero no podemos ver o plasmar y tampoco podemos entender de forma racional.

Así pues, algo me gusta o no me gusta. Me siento cómodo con alguien, algo me causa admiración o todo lo contrario.

Algo sumamente importante de entender es que no puedo querer explicar lo que sucede en un canal de percepción con lo que sucede en otro. Un ejemplo muy claro es querer explicar un sabor con un pensamiento lógico o con una emoción. Veamos cómo sería: ¿puedes tú explicarme o describirme el sabor de una manzana? Tal vez piensas que sí y me dices que es dulce, jugosa, algo ácida también, y yo te puedo preguntar: ¿y una piña no es dulce, jugosa y algo ácida también? ¿Acaso saben igual una piña y una manzana? Creo que la respuesta es lógica e inmediata: no. Y por más argumentos que me des lo que estás realmente haciendo es recordando el sabor de la manzana, pero no describiéndolo a través del canal de la inteligencia o de la razón.

Tampoco podemos explicar las experiencias espirituales o las emociones a través de la razón, ni las experiencias espirituales a través de los cinco sentidos. Simplemente no tiene caso, no tiene sentido alguno.

Es como querer explicar el matrimonio de una dona con el número cinco. A la boda está invitado el arcoíris y el colibrí quien será el responsable del banquete. Las dos frases anteriores no tienen sentido alguno. Tampoco tiene sentido buscar el inicio o el final de un círculo. Son planteamientos simplemente ilógicos en todos los sentidos.

Ahora te pregunto: ¿las relaciones humanas son experiencias sensoriales, emocionales o racionales? La respuesta es que son noventa y cinco por ciento emocionales. ¿Te das cuenta de que intentar explicarlas o entenderlas a través de la razón no tiene sentido? Este tema da para otro libro entero, pero me basta por ahora despertar esta idea en ti. No necesito entender o querer entender todo. Solo basta con que aprenda a aceptar y a vivir en paz con aquello que no entiendo o no he experimentado. Recuerda que porque algo no sea real en mi vida no significa que no pueda ser real en mi vida o en la vida de otro ser humano. No necesito entenderlo, necesito aprender a estar en paz con ello.

Estar en paz con todo lo que está alrededor de mí, todo lo que no entiendo o se encuentra fuera de mi control. Estar en paz con el mundo que me rodea. Estar en paz con la percepción que tengo respecto al mundo.

Ahora ya tienes conocimiento respecto a la manera en la que entendemos el mundo y todo lo que está a nuestro alrededor. Realmente creo que somos seres espirituales viviendo una experiencia humana y no al revés.

Pensemos en los siguiente: un auto antes de ser auto, o un celular, o una llave, o una computadora, o incluso este libro, antes de que fuera lo que es... ¿qué era? ¿de dónde vino?

¿Te das cuenta de que toda la creación de los seres humanos viene de sus ideas? ¿Estás de acuerdo? Una idea antes de ser idea, ¿qué era?

El doctor Deepak Chopra lo explica maravillosamente: un simple estímulo eléctrico en nuestro cerebro. Las emociones, las ideas y todas las percepciones realmente son estímulos en una zona de nuestro cerebro y estos estímulos podemos medirlos con un electroencefalograma. Podemos medir la actividad eléctrica del cerebro.

Todo el tiempo estamos produciendo tanta electricidad en nuestro cerebro que pudiéramos fácilmente prender un foco.[1]

La pregunta grandiosa es: ¿de dónde proviene este estímulo? ¿Qué lo provoca? ¿Te das cuenta? Debe de haber algo más grande, algo que va más allá de lo que piensas que eres, algo más grandioso de lo que has percibido de ti mismo durante toda tu vida. Es nuestro espíritu o nuestra alma. ¿Debemos de entender todo esto? No necesariamente. Podemos aceptarlo y estar en paz con ello.

¿Sabes? En mis talleres digo con frecuencia que los seres humanos podemos elegir entre tener paz y felicidad o tener la razón. Ambas cosas no se pueden. Practicar elegir la paz en vez de tener la razón es un ejercicio difícil sobre todo para las personas más duras y con hábitos emocionales muy aferrados, sin embargo siempre se puede.

Ya sabes lo importante que es tener consciencia sobre nosotros mismos y sobre nuestras percepciones, pero más importante es lo que decidimos de manera consciente, lo que esas percepciones significan para nosotros. Es por ello que si yo no soy el autor consciente del significado de todo aquello que yo percibo, entonces todo lo que yo percibo es el autor de mis emociones y de mi vida.

Somos pura «potencialidad», somos la manifestación de nuestro espíritu a través de la consciencia en algo que llamamos vida. Cuando nos hacemos cargo y maestros de esa consciencia, entonces nos hacemos cargo y maestros de nuestro propio destino: maestros de la bella, hermosa y trascendente obra de arte que vemos, reconocemos e interpretamos como nuestro andar en esta existencia. Esa potencialidad existe, es cien por ciento real y comprobable.

Nuestra vida y nuestras elecciones son una prueba fehaciente de ello: te voy a explicar cómo y por qué lo veo así.

Imagina por un momento un río, uno hermoso y caudaloso. El río es la manifestación de una de las infinitas posibilidades que tiene el agua para llegar del cielo, de la nube, al mar. La gota de agua pudo haber llegado de manera directa o pudo haber caído en una ciudad, fluir al subsuelo, los manantiales y posteriormente al mar, o esa misma gota pudo haber caído en los labios de una hermosa mujer y haber sido absorbida por ella: llegará al drenaje, será tratada, pero indiscutible e incuestionablemente algún día llegará al mar para después convertirse de nuevo en nube.

La gota, desde antes de serlo, tiene pura potencialidad, tiene un sinfín de caminos y variantes posibles para regresar a su origen: al mar. Sin embargo, no tiene algo que tú y yo sí tenemos: el poder de la elección, o mejor dicho, el milagro de la elección.

Cada segundo en nuestra vida, cada momento que vivimos y experimentamos no es más que una manifestación de todo lo que pudo haber sido y ahora es. La pura potencialidad plasmándose no en la vida sino en nuestra consciencia, nuestra realidad, o mejor dicho aún, nuestra percepción de la realidad. Es por ello que nuestra vida es de manera consciente o inconsciente la manifestación del milagro de la elección.

Siguiendo con la analogía de la gota, te pregunto: ¿la gota, cuando regresa al mar, sigue siendo gota? Te dejo esta pregunta hermosa para que reflexiones con una sonrisa, un corazón lleno de asombro y una deliciosa taza de té.

Todos realmente somos uno, es nuestra percepción humana la que por naturaleza nos da este sentido de separación, de ser diferentes, divisibles, aislados, y esta misma ilusión es la que da pie y cabida a lo que tú y yo llamamos vida: la experiencia de nuestra consciencia.

No quiero que te asustes por esta información, lo que le halles sentido es perfecto para ti, así como lo que no. Es lo que te funciona y sirve lo que tienes que tomar.

Recuerda que tu vida cambia cuando cambia la idea que tienes respecto a ella, cuando tu manera de ver esa vida se transforma. En ese instante es como si el agua, en vez de caer por una montaña, descendiera por entre los diminutos granos de arena de un desierto. Nuestra consciencia en sí es la manifestación de la potencialidad; cambia ella, cambia la manifestación porque es lo mismo.

Por eso mi consciencia es mi elección más importante.

¿De qué soy consciente en mi vida? ¿Del amor, de la salud, de la abundancia y de la pasión que hay en mi vida? ¿O soy consciente del miedo, del ego, de situaciones negativas, del sufrimiento y de los problemas?

La respuesta a esta pregunta no es más que el canal de consciencia que utilizamos para manifestar una de las infinitas posibilidades a través de la cual elegimos crear nuestra vida.

En un sentido práctico puedo preguntarte: ¿en qué te enfocas?

Cuando surge algo inesperado, ¿lo ves como un reto, como un problema o como una oportunidad?

Te voy a decir que la abundancia, el éxito, la salud y la prosperidad, así como todo lo demás, no son otra cosa más que una manifestación hermosa de un milagro de amor: tu elección.

Puede ser que te preguntes: ¿cómo puedes decirme eso si yo no tengo suficiente dinero, salud ni gente conocida? ¡Además, tampoco tengo suficientes oportunidades!

Pero te digo que ¡eso es solo una percepción que tienes por el «canal» de consciencia con el cual eliges vivir tu vida! *Tu enfoque.* Yo te preguntaría: ¿no tienes un cuerpo que funcione sin que tú se lo pidas?

¿No hay abundancia en cada bocanada de aire que tomas? ¿No tienes delante de ti un sinfín de posibilidades en las que si tú lo elijes tu vida puede ser distinta, puede dar un giro inesperado? ¿Acaso no eres lo suficientemente grande e importante como para tener uso de tu consciencia? ¿Acaso no estás vivo porque alguien un día te amó tanto que te protegió, te cuidó, te alimentó, vistió y educó cuando también pudo no haberlo hecho?

El secreto de la prosperidad es que no hay secreto: comienza a vivir desde la prosperidad *reconociéndola* en tu vida y comenzará a manifestarse más prosperidad. Así como primero unas gotas comienzan a formar un riachuelo y este va creciendo hasta que se forma un río caudaloso e imparable. Así de grande es este milagro cuando se pone en práctica: una vida basada en el amor solo puede repercutir en más amor. Esta vida inicia con tu elección consciente.

El tema importante es que como sucede con la prosperidad, también sucede con la escasez. Como sucede con la salud, también sucede con la enfermedad; como sucede con lo que vemos como positivo, también sucede con lo que vemos o percibimos como negativo, porque la manera en la que operamos los seres humanos y la manera en la que se comporta el universo es siempre igual, y esto es así porque nuestra vida es una manifestación.

La calidad de nuestra manifestación es la calidad de nuestra percepción, la calidad de nuestras propias decisiones.

Lo más importante ahora es: ¿qué decides para tu vida?

Yo te puedo decir lo que ha cambiado la mía: he elegido vivir desde el amor y no desde el ego, lo posible y no lo imposible, lo genuino y no lo falso, la fe y no la duda, la pasión y no la apatía, el valor y no el miedo, el presente y no la ausencia, la salud y no la enfermedad, la abundancia y no la escasez, el asombro y no la indiferencia, la vida en vida y no la muerte en vida para después tener una vida en muerte, un sentido de amor y de trascendencia.

¿Es posible esta vida? No solo es posible, es la vida que tú mereces.

Es por eso que he creado este libro, para que juntos despertemos hacia esa consciencia y comencemos a vivir la vida que merecemos. De igual manera y con el mismo propósito he creado un seminario con el mismo título: «Los milagros del amor: Comienza a vivir una vida milagrosa y crea ese flow (fluir) maravilloso en tu vida desde donde todo comienza a manifestarse a través del amor», en el cual por medio de la inmersión total y el milagro de la elección podemos llevar nuestra vida a niveles que nunca pensamos posibles. Si quieres más información al respecto puedes visitar mi página de internet, que ya viste cuál es, e inscribirte en esta maravillosa experiencia.

El problema de la sociedad y las personas cuando se sumergen en el ego es que existe una violación de nuestro derecho divino de elegir. Por un lado creemos que nuestro poder de elección incluye la vida de las demás personas, las «decisiones de todos los días» de las demás personas, y peor aún, las emociones de las demás personas. Queremos estar tan en control que buscamos crear esas «esferas de control» con la gente que representa algo importante en nuestra vida, sea positivo o negativo. Esto se llama codependencia y surge cuando vivimos desde el ego y no desde el amor. Entonces podemos estar dependiendo de un padre o un esposo abusador, de una pareja que nos maltrata verbal y emocionalmente o de una familia con prácticas y emociones muy negativas, simplemente porque nos sentimos «seguros» ya que otras personas deciden por nosotros y son ellas quienes están determinando nuestra realidad. Podemos ser los abusadores o los abusados.

Soy abusador cuando quiero vivir a través de las demás personas y cuando mi prioridad es que los demás vivan a través de mí: de lo que para mí es correcto, de lo que yo quiero que se haga, de mis ideas, estándares, etc. Cuando mi miedo por soltar y vivir bajo mis estándares es tan grande que necesito la seguridad que me da el manipular a los demás.

Soy abusado cuando mi miedo por vivir es tan grande que me permito vivir a través de las ideas, los estándares, los argumentos, etc. de las demás personas. Siento un vacío emocional tan grande que a pesar de que no me guste lo que los demás dicen que tengo que hacer, que los demás determinen y manipulen mis decisiones, etc., no hago nada al respecto.

El abusado necesita del abusador y viceversa. Esto, en otras palabras, se llama codependencia, la cual no es positiva puesto que su raíz es el miedo, el ego y la separación.

De la misma manera en que podemos vivir en esas «esferas de control» podemos hacerlo en el amor y crear; en vez de «esferas de control», «esferas de amor» a través de las cuales podamos vivir desde la unión, la armonía y la paz.

Cuando creamos una esfera de amor no estamos siendo abusados ni abusamos. Simplemente compartimos la experiencia de la vida. Desde este estado y desde esta emoción construimos en vez de destruir, tenemos un crecimiento real y no ficticio. Nos enfocamos en ser y servir. La diferencia es abismal.

Hay diferentes estados de consciencia una vez que comenzamos a vivir desde el amor, y dependiendo del estado de consciencia que tengamos referente a nosotros y nuestras relaciones es que comenzamos a vivir en niveles o estados de consciencia diferentes en cuanto a dichas relaciones.

Hay tres niveles principales:

1. El nivel uno es el más bajo. Son las relaciones basadas en el ego, en donde vivimos bajo las esferas de control. En estas relaciones yo busco el beneficio propio. Quiero la relación porque tengo un interés personal, pero realmente no me interesa la otra persona en lo más mínimo. Estoy ahí por mí y para mí.

2. El nivel dos es un nivel de una mayor consciencia; sin embargo, todavía el amor no es el hilo conductor de la relación. En este nivel estoy dispuesto a dar algo a cambio de otra cosa. Estoy en la relación porque me conviene, pero también sé que es bueno compartir ciertas cosas para el beneficio de la otra persona. Aquí es donde existe la gran mayoría de las relaciones que yo conozco, ya sean relaciones laborales, matrimoniales, de pareja, familiares, etc.

3. El tercer nivel es cuando estamos viviendo totalmente desde el amor. Aquí la prioridad es la otra persona, ya que entiendo que desde el amor somos uno, somos una relación, somos una experiencia. Por lo tanto, mi prioridad es darte a ti todo lo que necesitas, expresarte mi amor en todos los

sentidos sin esperar nada a cambio por el simple hecho de verte florecer a ti también. Yo entiendo que mientras más amor experimentes tú, más amor experimentaré yo. Estoy al ciento diez por ciento en la relación, y mi compromiso es total y absoluto, ya que en mi mente no existe ni la menor duda de que exista un posible fracaso en dicha unión.

Ponte a pensar un momento, ¿nuestra sociedad en qué nivel vive? ¿Cómo sería nuestra vida, nuestra familia y nuestra sociedad si todos viviéramos desde el nivel tres?

Muchas veces pensamos: «Bueno, pero cuando yo doy todo y quiero vivir desde el tercer nivel de las relaciones la otra persona no lo hace», y entonces regresamos al nivel dos o al nivel uno. ¿Te ha sucedido?

El problema es que la otra persona nunca va a pasar al nivel dos o tres si nosotros no lo hacemos primero. Se requiere consciencia y, sobre todo, constancia, ya que cuando somos inconsistentes o incongruentes, las demás personas se sienten inseguras respecto a la relación que tenemos con ellas, y entonces no se abren a vivir desde el amor.

Por eso es importante ser constante y congruente con nuestro ejemplo de vida. Si queremos subir de nivel en nuestra vida y en nuestras relaciones debemos comenzar a actuar como si ya estuviéramos ahí. Ese es el secreto para que todo a mi alrededor cambie y la razón no es que todo lo que me rodea se transforma, sino que yo me transformo, y cuando eso sucede lo que observo lo veo desde una perspectiva totalmente distinta. Así que comienza, aunque no sea lo más fácil, de manera consciente a dar ese cambio en tu vida.

En todas las relaciones existe siempre un factor crucial: la otra persona o las otras personas. Y si algo he aprendido a lo largo del tiempo es que no podemos cambiar a las personas, podemos amarlas, quererlas y aprender de su ejemplo. Por eso es sabio también elegir cuidadosamente con quiénes pasamos tiempo, y si estamos envueltos en una relación negativa y nuestro ejemplo o cambio personal no inspira a la otra persona al cambio, es también nuestra responsabilidad seguir en esa relación o con ese grupo de personas. ¿Es bueno o es malo alejarse de ciertas personas? Sin importar lo que las demás personas puedan llegar a pensar, no es bueno ni malo, simplemente es, y dependerá de nosotros cómo decidamos interpretar las cosas y nuestras decisiones; como vimos antes en este libro, tenemos siempre un regalo en cada situación.

Otra idea falsa que los seres humanos solemos desarrollar ante el tema del «libre albedrío» es que como los demás actúan libremente y ciertas cosas no me convienen, me convierto en una víctima de las personas y de las circunstancias, peor aún, pierdo el control y me convierto en la víctima de mi vida. Sí, somos libres de creer todo, hasta eso. Y cuando perdemos el amor por nuestra propia vida y dejamos de ser responsables de nuestra interpretación, la vida se torna gris y oscura, porque el amor y la conexión que tenemos con nosotros mismos y nuestro propósito divino se han perdido.

El milagro de la elección es un milagro de amor, ya que manifiesta el amor de nuestro Creador por nuestra vida, pero solo si se toma de una manera amorosa y responsable.

Elegir desde el amor genera y trae consigo más amor a nuestras vidas. Cuando elegimos desde otra perspectiva, las consecuencias no siempre serán positivas.

Yo te había comentado que lo único que perdura en el paso del tiempo es el amor. Ejemplos hay ya muchos, podemos hablar de la Madre Teresa de Calcuta, Gandhi o Nelson Mandela. Ellos para mí son el ejemplo, aún vivo, de este milagro del amor. Fueron seres como tú y como yo, pero que marcaron una gran diferencia en los corazones de millones de personas por una simple razón: vivieron el milagro de la elección, decidieron y marcharon con, desde y por el amor.

Cuando vivimos desde el amor y actuamos acorde con ese estado maravilloso, nuestras decisiones no pueden estar equivocadas porque cuando vivimos desde el amor, cada decisión que tomemos en sí es un milagro de amor.

¡Qué hermoso llevar una vida repartiendo milagros de amor a todas las personas con las que nos cruzamos!

Recuerda que el amor genera amor, el amor atrae amor, el amor inspira amor, y como bendición y milagro que es, llena de bendiciones y milagros la vida de las personas.

Te aseguro que has vivido o presenciado un milagro de esa naturaleza. Te invito a reflexionar y a pensar en un momento mágico y milagroso cuando todo a tu paso iba dándose de una manera inexplicablemente maravillosa y parecía que habían demasiadas buenas coincidencias.

¿Recuerdas mi viaje a Suiza? ¿Recuerdas cómo sin un solo centavo logré por tres días no solo sobrevivir, sino encontrar a personas maravillosas y crear relaciones duraderas y experiencias que cambiaron mi vida?

Hoy te digo que no eran coincidencias. Era la magia, la bendición y el efecto del milagro de la elección: amor puro manifestándose en cada paso de mi vida.

Cuando eliges desde el amor, te llamarán suertudo, te llamarán loco, pero eso sí, verán tu vida como un milagro.

Elige hoy el amor, elige hoy amar a las personas como un padre-hermano. Alex Gómez una vez me dijo: «Amar a tus hijos, a tus padres, a tu familia es fácil... prueba ahora amar a tus enemigos».

Si aprendemos a hacer la elección consciente de amar incondicionalmente, o sea, amar sin importar las condiciones (eso incluye *todas* las condiciones), te maravillarás cómo el concepto de «enemigo» dejará de existir en tu mente, ya que es una idea que nace del ego y la separación. Verás entonces un maestro en cada persona que cruza tu camino y, por lo tanto, experimentarás amor profundo por la gente que más te enseña o ha enseñado. Recuerda que siempre podemos hacer ese cambio de canal de consciencia y nuestra realidad cambia.

¿Quieres saber cuál es el camino más rápido y corto para comenzar a manifestar este milagro en nuestras vidas? Lo primero que enseño en el curso de los milagros del amor: el amor propio.

Comienza a cultivar y desarrollar profundo amor por la persona más importante del mundo: tú. Decídete a amarte y aceptarte tal cual eres, como el ser humano grandioso y maravilloso que eres, al que no le hace falta nada y todo lo puede. Esa es la chispa que disparará un amor profundo hacia todo lo demás. Recuerda que el ser humano no se siente capaz (aunque siempre lo es) de dar aquello que no cree que tiene.

Todos hemos sido en algún punto de nuestras vidas abusadores y abusados. En otras palabras, hemos utilizado las relaciones con las demás personas para un fin personal y no uno compartido, y viceversa, hemos permitido que otros hayan hecho lo mismo con nosotros. Es importante tomar consciencia sobre esos papeles que hemos desempeñado para poderles poner un alto. Así que identifica en qué relaciones y con qué personas te has comportado o todavía te comportas desde la perspectiva de abusado o abusador.

PREGUNTAS PARA LA REFLEXIÓN

1. ¿De quién abuso o he abusado? ¿Con qué acciones o bajo qué circunstancias?

   a) _____

   b) _____

   c) _____

   d) _____

   e) _____

2. ¿Qué beneficios he obtenido o he estado obteniendo al abusar de los demás?

   _____

   _____

   _____

   _____

3. ¿De quién permito o he permitido ser abusado? ¿Con qué acciones o bajo qué circunstancias?

   a) _____

   b) _____

   c) _____

d) _____

e) _____

4. ¿Qué beneficios he obtenido o he estado obteniendo al permitir ser abusado?

_____

_____

_____

_____

5. ¿Entiendo que abusar o ser abusado es una violación del derecho divino que todos tenemos de elegir y ser autores de nuestra propia vida? ¿Por qué creo que esto es importante?

_____

_____

_____

_____

6. Ahora hablemos de los niveles de las relaciones, ¿en qué nivel estás en tus relaciones más importantes? Llevemos cada una de esas relaciones al siguiente nivel.

Primero: ¿cuáles son tus cinco relaciones más importantes?

a) _____

b) _____

c) _____

d) _____

e) _____

PREGUNTAS PARA LA REFLEXIÓN

7. Junto a cada relación escribe un 1, 2 o 3 dependiendo del nivel en el que esté tu relación con cada una de esas personas.

Ahora hazte las siguientes preguntas:

a) ¿Cómo serían mis relaciones si viviera desde el nivel tres?

_____

_____

_____

b) ¿Vale la pena aplicar la triple CON: ser constante, consistente y congruente, hasta ver mis relaciones en el nivel tres? ¿Por qué?

_____

_____

_____

_____

Capítulo 8

EL MILAGRO DEL DARYBIR

Cuando vivimos desde el amor sucede algo verdaderamente maravilloso: entendemos que dar y recibir no son dos cosas opuestas, tampoco son conceptos antagónicos, es más, no son conceptos ni siquiera similares... dar y recibir *es lo mismo*, exactamente lo mismo: es un solo acto.

El concepto o la idea de que dar y recibir son dos cosas diferentes, opuestas y aparte es algo que nace de la separación, y por eso cuando vivimos desde el amor nos damos cuenta de que el acto de dar y recibir es eso: *un solo acto*. Es indivisible, inseparable, único, ya que es un solo acto.

Te voy a poner un ejemplo muy simple: cuando le damos la mano a una persona hay un solo acto: dar la mano. Una persona cree que da la mano; sin embargo, en el mismo instante está recibiendo la mano de la otra persona. Esto es un acto de unión, un acto de amor en ese único momento de estrechar la mano de una persona, ya que no estamos dando ni recibiendo la mano de la otra persona, sino que estamos presenciando un solo acto, dar y recibir de manera simultánea, en el mismo instante, en el mismo momento, en el mismo acto.

Al igual que con la mano de una persona sucede con todo en la vida. Con absolutamente todo.

Nunca damos sin recibir algo a cambio porque no son dos cosas diferentes. Lo más hermoso es que cuando llevamos a cabo el acto de dar y recibir desde el amor, los efectos del amor se multiplican en nuestra vida y nuestra capacidad de amar, en otras palabras, nuestra capacidad de dar y recibir amor crece.

La explicación es incluso científica. Somos criaturas de hábitos y condicionamientos, y para sobrevivir y no tener que procesar toda la información de todo, todo el tiempo, creamos redes neuronales, rituales, hábitos o como le queramos llamar. Y a cada una de esas redes neuronales vinculamos una emoción de tal forma que sepamos de manera inconsciente si eso nos gusta, nos genera placer y nos conviene, o no nos gusta y nos genera dolor y, por lo tanto, no nos conviene. Si nos gusta, entonces buscamos más de ello, consciente o inconscientemente. Si no nos gusta lo evitamos a toda costa, consciente o inconscientemente. Esta es la razón por la cual las personas caen en círculos viciosos sin conseguir amor y abundancia en sus vidas. Su cerebro ha interpretado que no lo quiere y no es bueno para su vida. Y una de las causas de esto nace de la idea, muy falsa, de no querer dar.

Cuando no queremos dar algo y vinculamos el acto de dar dinero, cariño, amor, tiempo, dedicación, etc. con una emoción negativa, en otras palabras, dar amor, dinero, cariño, etc. es sinónimo de una fuente de dolor, entonces nuestro cerebro ya interpretó que el acto per se es negativo para nuestra vida; en este acto se incluye también el recibir, y lo que va a hacer nuestro cerebro es querer evitar a toda costa dar y recibir aquello porque equivale en nuestra experiencia humana a mucho sufrimiento.

En pocas palabras, si vinculas el dolor con lo que estamos acostumbrados a denominar como dar, entonces nunca, *nunca*, vamos a recibir, simplemente porque nos estamos protegiendo del dolor.

Lo más grave es que conforme pasa el tiempo vinculamos más y más el dolor con ese intercambio. El condicionamiento se hace más grande y fuerte, y ahora nuestro cerebro va a encontrar la manera de evitarnos sufrir y, por lo tanto, evitar ese tipo de intercambios.

Analicemos cuáles son los retos que afligen y complican la vida de las personas, en dónde está la raíz de la situación problemática y qué solución hermosa y maravillosa podemos encontrar para crear una vida fascinante, extraordinaria y en todos los sentidos maravillosa, siempre, siempre, siempre desde el amor.

He tenido el gran privilegio de poder impartir en los últimos doce meses más de doscientas conferencias con más de ochenta mil personas y después de un tiempo hay que ser muy poco inteligente para no darse cuenta de que los problemas o retos de las personas, en todos lados, son exactamente los mismos. Lo más grandioso es que las soluciones también lo son. Funcionan como magia cuando una persona tiene una característica. Es verdaderamente lo único necesario: hambre. Mucha hambre y ganas de crecer y de cambiar, de ser una mejor persona, un mejor ser humano.

Verdaderamente esa hambre y esas ganas son lo único indispensable.

Quiero detenerme un momento para honrarte, porque el simple hecho de que estés sosteniendo este libro y leyendo estas palabras en este mismo instante es prueba suficiente de que en algún nivel y de alguna manera tú tienes hambre y ganas de crecer y ser una mejor y más grandiosa persona: ¡felicidades! Honro, reconozco y admiro tus ganas de crecer y el empeño que estás dedicando a ello.

Ahora bien, seguramente una de las cosas que más quieres es amor; dinero; salud física, emocional o espiritual. Puede ser que quieras algo distinto en tu vida, pero yo estoy seguro de que hay algo que en verdad quieres. Así que me gustaría que escribieras aquello que en realidad quieres. No escribas una gran explicación, con una simple palabra es suficiente: _____

Muy bien, yo te aseguro en este instante que la razón por la cual quieres más de ello en tu vida es porque sientes que te hace falta y es precisamente por eso que no tienes más de ello en tu vida. Tal vez tu mente entró en cortocircuito ahorita; sin embargo, vas a entender muy bien este principio y te prometo que tu vida no volverá a ser la misma.

El ser humano está diseñado, lamentable o afortunadamente, para una cosa en particular: sobrevivir. Somos máquinas extraordinarias de supervivencia. Si hubiésemos estado diseñados para ser felices otra sería la historia y te garantizo que este libro no hubiese sido escrito simplemente porque el mundo no hubiese tenido la necesidad de él. No obstante, como somos excelentes para sobrevivir, es nuestro deber aprender, o más bien reaprender a ser felices, verdaderamente felices, a través del amor. Así que suceden dos cosas en nuestro cerebro todo el tiempo: vinculamos dolor y placer. Ligamos el dolor con todas las cosas que de alguna manera pueden ser un obstáculo en nuestra supervivencia, y el placer con todas las cosas que nos pueden ayudar. Esto lo hacemos de manera inconsciente, no nos damos cuenta cuando do este proceso se lleva a cabo.

Como estás aprendiendo en este capítulo, nuestro cerebro no entiende actos separados porque fue concebido desde la unión y desde el amor, y es por eso que nuestro cerebro, nuestra mente y nuestro subconsciente entienden intercambios o procesos de dar y recibir, a los que llamaremos «darybir». Por esta sencilla razón frente a cualquier proceso de darybir con el cual vinculemos el dolor, nuestro cerebro va a querer huir y alejarse lo más posible a partir de ese momento. Contrariamente a ello, frente a cualquier proceso de darybir con el cual vinculemos el placer, nuestro cerebro va a querer acercase a ese intercambio lo más posible y lo va a hacer, como ya lo mencionamos, de manera consciente e inconsciente.

En mis conferencias explico mucho este proceso y hago que las personas participen. Imagina que cuando vinculas el dolor con un acto de darybir tu cerebro grita a todo pulmón: «¡No, no, noooooo. Alto, alto, altoooo. Aléjate de esto, no quiero más de esto!». En cambio, cuando entras en contacto con cualquier cosa que te provoca placer, entonces tu cerebro se vuelve loco de emoción y grita con todas sus fuerzas: «¡Sí, sí, sí, quiero más, quiero más, quiero más, por favoooor!». De esta manera acabas de condicionarte a encontrar, provocar y generar más actos que te provoquen placer y felicidad y, por supuesto, huir y evitar a toda costa todas aquellas circunstancias e intercambios o actos de darybir que sean dolorosos.

Ahora bien, ¿qué pasa con el dinero, con el amor, con la salud, etc.? Te pondré el ejemplo del dinero antes que nada, no porque sea más importante, sino porque es el más entendible, ya que es una de las causas de dolor más grandes que existen. Las personas tienen muchísimos intercambios económicos, o de abundancia económica todos los días. Sin embargo, la gran mayoría de esos intercambios son actos conocidos como «pagos» y muy pocos, acaso uno o dos al mes, son conocidos como «cobros». ¿Y tú qué crees que hace la gran mayoría de las personas cuando paga? (No me gusta usar este término porque realmente todo es un acto de darybir, pero lo quiero usar para aclarar mejor mi punto). Las personas cuando pagan vinculan mucho *dolor*. En ese instante se están atando la soga al cuello porque le están diciendo a su mente subconsciente que se aleje de cualquier intercambio económico, lo cual para nuestro cerebro incluye también la entrada de dinero a nuestras vidas. Parece un poco irónico, pero por eso es que cuando sentimos que algo nos hace falta menos lo tenemos, porque el simple hecho de pensar o sentir que algo nos hace falta significa que estamos vinculando dolor al intercambio de ese concepto en nuestra vida. Esto aplica no solo para el dinero, aplica para el amor, la salud y todo lo demás.

Si en cambio vinculamos placer al realizar estos intercambios en nuestra vida, sucede el milagro. Se trata de comenzar a reconocer que en primer lugar somos capaces de generar y crear abundancia en nuestra vida, y cada vez que hacemos el acto de darybir, por ejemplo dinero, debemos sentirnos orgullosos de que lo podemos hacer, que nos estamos quitando un peso de encima al realizar un pago o cubrir una deuda, que estamos proveyendo a nuestra familia, que somos generadores de esa abundancia, etc. En ese instante nuestro cerebro se alegra y vincula el placer al intercambio económico, y desde ese momento en adelante comenzará a buscar de manera inconsciente más y más oportunidades para hacer lo mismo. Recuerda que el intercambio o acto de darybir incluye no únicamente los momentos para desembolsar dinero, sino también la entrada de este a tu vida.

Así que ya sabes, cuando quieres algo porque sientes que te hace falta, lo más seguro es que tu cerebro te esté saboteando para que no tengas más de ello porque su presencia en tu vida significa dolor. Si en cambio no sientes que necesitas algo porque reconoces la presencia de ello en tu vida, lo más seguro es que tu cerebro te esté ayudando a encontrar más de ello en tu vida porque su presencia significa placer. Es así de sencillo.

El problema con la gran mayoría de las personas es que vemos el acto de dar separado y diferente del acto de recibir y sucede lo siguiente: quiero más abundancia económica, pero al mismo tiempo vinculo el dolor con el acto de darybir dinero cuando debo pagar o comprar algo. Automáticamente mi cerebro vincula el dolor al intercambio de abundancia económica, y cuando vea o reconozca una oportunidad de darybir abundancia económica la va a evitar a toda costa puesto que está diseñado para evitar la mayor cantidad de dolor posible en nuestra vida.

Igual sucede con el amor de pareja o las relaciones. Cuando hemos sentido dolor después de una relación amorosa, en muchos casos realmente podemos llegar a pensar que hay o habrá dolor cuando nos entreguemos a una relación o cuando decidamos amar a una persona, puesto que por una experiencia pasada vinculamos una emoción tremendamente dolorosa con el acto de darybir amor en pareja.

Si analizamos nuestra vida encontraremos un sinfín de situaciones o estados emocionales que surgen (y nos perjudican) por haber vinculado emociones incorrectas con el acto de darybir.

1. ¿Puedes pensar en alguna situación que te esté afectando emocionalmente?

_____

_____

_____

_____

2. ¿Puedes ver que estás vinculando dolor en esa área cuando realizas algunos intercambios?

_____

_____

_____

_____

3. ¿De qué manera puedes cambiar tu enfoque para que vincules amor o placer con esos actos en vez de dolor?

_____

_____

_____

_____

Para mí este milagro es todavía más grande puesto que yo no puedo dar algo que no poseo, y cuando lo hago automáticamente lo estoy reconociendo y reforzando en mí. En realidad somos espejos y lo que vemos en los demás o la imagen que creemos recibir de las demás personas no es más que un reflejo de nosotros mismos. De igual manera aquello que no reconozco como mío o como real en mi vida no lo puedo ver en las demás personas y tampoco lo puedo dar a los demás o recibirlo simplemente porque no forma parte de mis percepciones.

Así pues un tacaño, o un egoísta, o un solitario no hacen más que reafirmar su situación cada vez que con desgana y mucho dolor dan o comparten algo.

Otro sentido profundo de darybir es que el intercambio realmente sucede a nivel emocional. Lo que en realidad intercambiamos son emociones o expectativas que igualmente representan emociones. Esto quiere decir que en el instante en que yo estoy comprando un auto, por ejemplo, estoy intercambiando en ese acto o transacción de darybir un auto que para mí es equivalente a determinadas emociones con cierta cantidad de dinero cuyo valor emocional representa el automóvil.

Si yo no creo que el valor emocional del auto es equivalente al valor emocional que para mí representa la cantidad de dinero asignada, entonces voy a ver el auto como demasiado costoso. Si en cambio el valor emocional que yo le otorgo es mayor a la idea de valor que representa para mí el auto, creo entonces que el dinero que voy a pagar es una ganga.

Todo radica en lo que las ideas representan en nuestras emociones cuando damos y recibimos algo.

En el arte de negociar o en el arte de influenciar a las personas esta idea siempre entra en juego y es sumamente importante considerar que en realidad *no hay nada gratis en esta vida*. Y no lo digo en un concepto negativo, sino todo lo contrario, en el más sublime de todos.

Todo tiene un valor, ya sean nuestras ideas, nuestro tiempo, nuestro conocimiento, nuestra energía, nuestro dinero, etc. Y ese valor no es necesariamente económico, pero sí total y absolutamente emocional. Así que todo aquello que tenga el potencial para crear un cambio emocional en una persona tiene un valor proporcional a su capacidad para generar dicho cambio. En otras palabras: mientras mayor sea el cambio emocional que pueda hacer algo en mí, mayor será su valor para mí.

La simple visión de darybir es ya un milagro de amor porque actuamos desde la unidad y no desde la separación, entendemos que todos somos uno y, por lo tanto, beneficiar a un ser es beneficiarme a mí también. Ser una fuente de amor, de salud, de alegría o de bienestar para una persona me convierte en un ser lleno de amor, salud, alegría y bienestar.

Así que si quiero más de algo, este milagro nos enseña algunos pasos que se deben seguir a través de los cuales podemos comenzar a ver manifestado más y más de aquello que realmente anhelamos:

1. *Reconozco aquello que quiero como algo real en mi vida.* Muchas personas quieren más amor o dinero, y creen que no lo tienen. Desde esa emoción es prácticamente imposible crear o generar algo nuevo o aquello que se busca: en este caso amor o dinero. Es por eso que lo primero que debemos hacer es reconocer que en nuestra vida *ya hay abundancia.* Sin amor o dinero no estaríamos vivos, ya que sin amor no hubiésemos podido sobrevivir cuando éramos bebés, y sin dinero no hubiésemos podido tener techo, vestimenta o alimentación por tantos años.

Así que pregúntate lo siguiente: ¿aquello que quiero en mi vida en dónde lo puedo reconocer? ¿Cuánto de ello he obtenido ya anteriormente? Y comienza a sentir esa plenitud.

2. *Agradezco todo aquello y toda esa abundancia que ya me ha sido «otorgada».* Pongo otorgada entre comillas porque realmente también fue entonces un acto de darybir, pero agradecer todo aquello que ya hemos vivido nos pondrá en un estado de abundancia y de unión con lo que queremos. Agradecer significa literalmente «llenar de gracia». Así que cuando agradecemos nos estamos llenando de gracia nosotros y a quienes agradecemos, lo cual nos hará ver las cosas maravillosas de la vida, y comenzaremos inmediatamente a vincular una emoción muy positiva: placer con aquello de lo que queremos más (y que tal vez pensabas antes que no tenías y por lo cual sentías dolor).

3. *Practico darybir.* Desde el estado de la gratitud vamos a llenar de gracia la vida de más personas al realizar intercambios de manera consciente de aquello que más queremos, pero recuerda que lo que realmente buscamos es la emoción: de riqueza, de amor, de seguridad, etc., no tanto el bien material o la situación per se.

4. Refuerzo darybir con placer hasta que se haya vuelto un hábito progresivo e inconsciente en mi vida. Queremos llevar nuestra vida a un estado en donde todo fluya y no solo fluya, sino también esté creando cada vez más de lo mismo, y lo mejor de todo: no tenga yo que esforzarme por hacerlo, simplemente suceda. Es decir, que nuestro estado natural y habitual sea uno de amor, abundancia, salud, etc. Y, por lo tanto, sea eso lo que estemos dando y recibiendo por doquier y a donde vayamos.

Ahora pongamos los cuatro pasos en práctica:

PREGUNTAS PARA LA REFLEXIÓN

1. *Reconozco aquello que quiero como algo real en mi vida.* Escribe en las siguientes líneas todas las cosas que puedes reconocer como reales en tu vida entre aquello que quieres más:

   _____

   _____

   _____

   _____

2. *Agradezco la abundancia y todo aquello que ya me ha sido otorgado.* Regálate unos minutos para agradecer por todas esas cosas hermosas en tu vida.

   _____

   _____

   _____

   _____

3. *Practico darybir.* Escribe dos o tres maneras en las que ahora puedes salir a dar y recibir, y no solo eso, hazlo ya.

   _____

   _____

_____

_____

_____

4. *Refuerzo darybir con placer.* En cada acto o transferencia me voy a enfocar en todas las cosas hermosas y maravillosas que estoy provocando en la vida de otros y en la mía.

_____

_____

_____

_____

Antes de pasar a la siguiente parte asegúrate de haber hecho todos los ejercicios. Muchas veces en la vida nos llenamos de información, pero no la llevamos a la práctica. Lo más importante son los resultados que este libro pueda traerle a tu vida, pero eso va a suceder únicamente si aplicas lo más que puedas todo lo que aprendas aquí. Así que ¡manos a la obra!

Cuando entendemos que nuestras decisiones afectan nuestros actos y estos a su vez la manera en la que nos sentimos y hacemos sentir a las personas; cuando nos damos cuenta de que somos uno y que en realidad no hay diferencia entre dar y recibir, que es un solo acto, una sola cosa, entonces nuestra vida comienza literalmente a ser total, completa y absolutamente milagrosa.

¿Qué sucede cuando vivimos desde el amor?

Sucede un milagro, el milagro del acto de dar y recibir o darybir. Cuando vivimos desde este estado no hay separación, de esta manera entendemos que nuestra vida se va conformando en actos de intercambios de amor, y son estos actos de intercambiar amor lo que la gente ve como dar y recibir.

El acto de intercambiar amor es uno de los milagros más hermosos e incluye, como todo acto milagroso, no únicamente un objeto, idea o aquello que se está intercambiando. En el acto de intercambiar amor, la forma o manera de hacerlo es igual de importante que lo que se intercambia.

Quiero que reflexionemos un poco y nos demos cuenta de que todos los momentos mágicos de nuestra vida han sido producto de un intercambio maravilloso de amor en el que la forma y el fondo eran igual de importantes y trascendentes. ¿La razón? Desde el amor vivimos en unión y, por lo tanto, la forma es el fondo. Lo maravilloso de vivir en este estado es que cada vez que realizamos ese poderoso intercambio de dar y recibir vinculamos una emoción poderosa, increíble y de realización (porque al dar y recibir amor estamos cumpliendo nuestro propósito en la vida), y cuando vinculamos esa emoción de amor profundo con el acto maravilloso de dar y recibir, entonces generamos una red neuronal poderosísima que subconscientemente estará buscando realizar más de esos actos, lo cual significa que todas las áreas y todos los aspectos de nuestra vida crecerán en abundancia.

Este milagro es el secreto del éxito y la plenitud de muchísimas personas. Comienza aplicándolo en lo simple y verás cómo tu vida comenzará a dar un gran giro totalmente inesperado hacia la grandeza y hacia el amor, y eso nos lleva a hablar de otro milagro más: el milagro de la abundancia.

Capítulo 9

EL MILAGRO DE LA ABUNDANCIA

Nuestra verdadera naturaleza es completamente abundante. Somos seres de grandeza y de amor infinito. Sin embargo, el miedo y el ego provocan que aceptemos ideas mediocres como propias y comencemos a vivir en la escasez. Es por ello que una vida basada en el amor es una vida llena de abundancia en todos los sentidos, comenzando con la abundancia emocional.

El amor es infinito y como tal cuando amamos, cuando vivimos desde el amor, tenemos acceso a la fuerza creadora más poderosa que existe a través del milagro de la creación y la creatividad, y lo que estos milagros manifiestan en nuestra vida no es otra cosa más que abundancia infinita. Y es infinita, literalmente, porque no tiene fin.

Mientras vivimos en este estado maravilloso de amor, la abundancia llega de manera constante e interminable y sobre todo si estamos ejerciendo el milagro de darybir, del cual ya deberías de ser un experto, así que una de las herramientas más grandes y poderosas es precisamente este milagro maravilloso.

LA LEY DE LA NATURALEZA

Como he aprendido de mi gran maestro y amigo, John Maxwell, me ha dado por inventar o simplemente describir leyes. Son principios universales y básicos, y hacerlo así simplifica mucho la manera de aprenderlos y también la manera de explicarlos.

Así que te hablaré ahora de la ley de la naturaleza. Para mí la naturaleza es total y absolutamente abundante. Verás que ningún ser vivo más que el ser humano vive desde el ego. Todos los seres que habitan nuestro planeta tienen una característica: viven desde la abundancia. En otras palabras: la naturaleza es abundante. Y la razón de esto es que la fuente de donde proviene toda la naturaleza también lo es.

Quiero que pienses en un río. Es abundante; no se priva de nada. El agua corre libre y abundantemente. Da en abundancia a los seres vivos que lo rodean, a las plantas y a la flora que coexisten con él e incluso sobreviven gracias a él, y en ningún momento ese caudal tiene escasez.

Quiero que imagines un árbol de manzanas. ¿Cómo lo imaginas? ¿Lleno de manzanas, verdad? La razón es muy simple: su naturaleza es abundante y no lo podemos imaginar en escasez porque conocemos su verdadera naturaleza.

Así, cualquier planta, animal o ser vivo es total y absolutamente abundante, y vive desde esa abundancia. Y como aceptan esa abundancia como su realidad nunca se preocupan por vivir en la escasez. ¿Cuándo has visto tú a un pajarito preocupado antes de dormir por si le va a alcanzar el dinero para pagar la renta la semana entrante? Nunca. ¿Cuándo has visto a un ser vivo, aparte de los seres humanos, hacer eso? Nunca. La razón es que no hay ego y como tal no hay separación. Cuando existe esta unión maravillosa, la abundancia es parte de nuestra vida y de nuestro ser, es parte de nuestras percepciones y, por lo tanto, de nuestra realidad; nos reconocemos como seres en abundancia porque reconocemos nuestra verdadera naturaleza.

Así que la ley de la naturaleza es muy simple y sencilla: la naturaleza es total y absolutamente abundante, y como seres humanos provenientes de ella, no podemos ser diferentes.

Ahora bien, te puedes preguntar: ¿qué pasa conmigo que más que abundancia siento mucha escasez? Y puede o no ser tu caso, pero vale la pena ver qué sucede con los seres humanos que viven en ese estado o los que alguna vez vivimos en ese estado.

La escasez es la negación total de la vida y surge cuando el miedo domina nuestra vida. Los seres humanos pueden vivir de uno de los siguientes modos: sobreviviendo o creando.

Esto es válido para todos los seres vivos; sin embargo, aun los animales cuando están en modo de sobrevivir lo hacen desde la abundancia, los seres humanos no.

SOBREVIVIR

Cuando vivimos desde el miedo y el ego lo que nuestro cerebro le dice a nuestro cuerpo es que necesitamos hacer todo para llegar al día siguiente: nada más. Eso significa sobrevivir. No vamos a gastar energía en hacer otra cosa. La razón de esto es muy primitiva. Como especie tenemos más de cien mil años de existencia y eso implica que por esa cantidad de años el ser humano creció, se desarrolló y evolucionó; sin embargo, cuando hubo peligro real necesitó sobrevivir con toda su fuerza y energía posible. En la antigüedad tal vez fue la guerra lo que amenazaba nuestra vida o tal vez un león o una inundación de la cual había que escapar. Cualquier estrés realmente provenía de un peligro mortal.

Hoy en día es muy diferente, pero la codificación que tenemos como seres humanos es exactamente la misma. No nos persiguen leones, es muy improbable que seamos víctimas de una inundación y ya casi no hay guerra en este mundo como antes. No obstante, nuestro cerebro interpreta estrés con peligro de muerte y automáticamente el miedo quiere que nos refugiemos y resguardemos para sobrevivir.

¿El estrés que tanto nos invade proviene de una amenaza real o de un miedo que nace de una suposición o de una interpretación?

¿Realmente amenaza nuestra vida tener una deuda? Una deuda como tal no significa nada, lo que pesa mucho no es la deuda, es la suposición de qué pasaría si no pago esa deuda, y esa suposición nos infunde miedo y nos paraliza. Y automáticamente estamos buscando sobrevivir.

El problema de sobrevivir es que cuando estamos sobreviviendo lo único que estamos haciendo es precisamente eso. No podemos hacer más porque nuestro enfoque y nuestra energía están atorados en pasar la noche, pasar la noche, pasar la noche. Si sobrevivimos no creamos y si no creamos no vivimos desde la abundancia.

CREAR O REPRODUCIR

El otro estado, y quiero recalcar esa palabra: estado, porque realmente la única diferencia es un estado emocional, es crear o reproducir.

Cuando un ambiente es hostil un animal no va a buscar reproducirse porque va a buscar sobrevivir. Sin embargo, cuando un animalito vive en un ambiente abundante entonces va a buscar reproducirse y crear descendencia.

Con nosotros pasa exactamente lo mismo, pero no solo en el nivel de reproducirnos, sino también en el nivel de crear. Y crear implica todo lo bueno y grandioso que queramos o pensemos crear. Si queremos una vida de sueños, alcanzar la grandeza que muchos sueñan y muy pocos viven, tener ese estilo de vida grandioso e impactar la vida de cientos y miles y millones de personas, lo primero que necesitamos hacer es encargarnos de que el ambiente emocional en el cual nos estemos desarrollando sea un ambiente de abundancia emocional. Entonces sí vamos a comenzar a crear de manera automática.

Verás que una de las emociones más fuertes que mueve a los seres humanos es el sentido de trascendencia. El problema es que se puede trascender matando a alguien, o dañando nuestro ecosistema, o inclusive molestando y fastidiando a otros seres humanos. Hay muchas maneras malas y negativas de hacerlo, y cuando creemos que de manera positiva es demasiado difícil optamos por hacerlo de manera negativa. Sin embargo, esa idea de que crear es difícil es totalmente falsa y lo es porque está planteada desde una perspectiva incorrecta, que ya sabes cuál es: la de la separación que implica miedo y ego.

Cuando asumimos nuestra verdadera esencia como seres perfectos, seres que venimos de una fuente perfecta, la cual tiene un poder creador infinito, entonces nosotros por consiguiente también lo tenemos y, por lo tanto, tenemos o nos es otorgada también abundancia infinita.

Así que te describiré el proceso que debemos seguir para comenzar a vivir esa vida en abundancia:

1. *Reconócela.* No importa en dónde estés o qué estés viviendo, tienes abundancia en tu vida. Y si no puedes pensar en nada, ¿qué tal la abundancia de oxígeno, de agua, de espacio para moverte, de pensamientos? Recuerda que todo es lo que vemos que es. En verdad lo que normalmente quiere la gente en su vida es más salud, dinero y amor. Y la razón por la cual quieren más de eso es porque creen que no lo tienen. Pero ¿en realidad no lo tenemos en nuestra vida?

¡Madre santa! Vivimos en un mundo lleno de abundancia en todos los sentidos. En verdad me apena mucho ver cómo las personas no lo reconocen, no lo aprecian ni agradecen. ¿Cómo podemos pensar que no tenemos abundancia de salud cuando muchas personas no despertaron el día de hoy debido a una enfermedad, cuando muchos no despertarán el día de mañana, cuando hoy muchos recibieron la noticia de tener una enfermedad terminal, cuando los hospitales están llenos de pacientes terminales y personas que luchan día a día por sobrevivir? Yo te aseguro que el simple hecho de que estés leyendo estas líneas te hace una persona sumamente abundante en salud, ¿sabes cuántas personas hay que ni siquiera pueden ver como tú ahora?

Otros dicen que no tienen abundancia económica, pero ¿cuántas personas hay en este mundo que solo pueden comer una vez al día si es que bien les va porque realmente no tienen nada de recursos? ¿Cuántos hay que solo tienen un par de zapatos, un par de pantalones, o aquellos que viven en chozas con techos de cartón? ¿Sabías que un tercio de la población mundial no tiene acceso a agua limpia? Y en verdad no solo esas personas no se pueden bañar como seguramente tú y yo lo hacemos con agua limpia y transparente, sino que el agua que beben no es transparente y solo está desinfectada con pastillas de cloro. Eso es escasez; lo que tú tienes es una abundancia total y absoluta.

Están también los que se quejan del amor, y bueno, simplemente no estaríamos vivos si no hubiésemos recibido una abundancia de amor total y absoluta, de manera incondicional de uno o varios seres humanos. ¿Cuánta gente no hay que estaría dispuesta a ayudarte, a ver por ti, a ir en tu rescate en cualquier momento simplemente porque te aman? Si en realidad crees que no hay nadie, ¿acaso no te tienes a ti mismo? Y si de plano crees que no yo puedo asegurarte que sigues teniendo a tu Creador, no estás solo en este mundo, el simple hecho de que estés vivo implica que hay una fuente de amor incondicional en tu vida.

2. *Sigue reconociéndola.* No importa si ya lo hiciste, tómate otros minutos más para seguir admirando y reconociendo toda la abundancia y las fuentes de abundancia en tu vida. Normalmente en la vida hacemos lo mínimo necesario, si nos piden que hagamos diez, hacemos nueve de manera aceptable y uno último de manera mediocre. Recuerda que siempre podemos hacer más y mejor, y este es el esfuerzo que nos llevará a dar el extra en nuestra vida y tener así una vida extraordinaria.

3. *Reconoce la posibilidad de crear más abundancia en tu vida.* Es impresionante lo que puede hacer el ser humano. Cuando puedes generar uno, puedes generar dos. Así de simple. Hasta el día de hoy no conozco a nadie que diga que no puede hacer un poco más o un poco mejor de lo que ya hizo. Todos podemos reconocer esa posibilidad real en nuestra vida de crear más abundancia de la que ya tenemos. Yo sé que si tú quieres más abundancia económica puedes reconocer, después de ver toda la abundancia que ya te rodea, la manera de crear más, aunque sea un poco más de esa abundancia en tu vida. Si lo que buscas es crear más abundancia en salud, estoy seguro de que puedes encontrar la manera de crear más salud de una o varias formas, y exactamente ocurre lo mismo con el amor.

4. *Refuerza el sentimiento de poder creador.* Seguramente pensaste que el siguiente paso era tomar mucha acción, pero todavía no llegamos ahí. Lo primero que debemos tener es una base emocional fuerte y es por eso que es imperativo que reforcemos ese sentimiento de que podemos crear más y más, y de que más abundancia viene en camino. La visualización ayuda muchísimo; cuando visualizamos algo con una alta intensidad emocional, entonces nuestro cerebro crea grandes y poderosas redes neuronales. Recuerda que nuestro cerebro no diferencia entre lo que vivimos, soñamos, pensamos o imaginamos con una emoción muy fuerte, y es precisamente por eso que cuando visualizamos algo suficientes veces comienza a ser real en nuestra vida porque comienza a ser real en nuestra percepción.

5. *Genera presión positiva.* Pregúntate cómo sería tu vida en cinco, diez años si decides quedarte como estás y no tomas acción alguna. Muchas veces encontramos razones que nos entusiasman mucho al pensar que estamos llegando a una meta o alcanzando un objetivo; sin embargo, el dolor de pensar que nuestra vida podría fracasar siempre es mucho más grande que la recompensa del placer por lograr la meta. Así que es sumamente importante encontrar las razones que nos muevan a tomar acción; a esto le podemos llamar presión positiva. Recuerda que tu vida es una respuesta a las preguntas que te haces, y mientras más y mejores preguntas te realices más y mejor será tu acción.

6. *Toma acción.* Ahora sí. A tomar acción como si no hubiera un mañana, reconociendo toda la abundancia y viviendo desde un estado de total gratitud. Es sumamente importante que no solo nos quedemos pensando qué podríamos hacer y cómo sería, sino que en realidad actuemos. La preparación sin acción no sirve para nada, es más, estorba. Así que no seas de los que pagan mucho por información que luego les estorba, comienza hoy a actuar y verás esa abundancia cada vez más y más materializándose en tu vida. Quiero recalcar que esta acción está basada en la gratitud que es un milagro del amor. No es

acción desesperada, no es acción agresiva, es acción intensa, pero es la que nace del agradecimiento a Dios y a la vida de que puedes crear más abundancia, que mereces dicha abundancia y de que al crear esa abundancia estás beneficiando al mundo.

7. *Repite todo lo anterior.* Alguna vez leí una leyenda en un champú que decía lo siguiente: «Instrucciones para la aplicación» y al igual que mis siete pasos para la abundancia, tenía también su serie de pasos y era algo así: 1. Moje bien su cabello. 2. Aplique una abundante (nótese el abundante) cantidad del producto en sus manos. 3. Frote vigorosamente el producto en su cabello hasta lograr generar bastante espuma. 4. Enjuague la totalidad del producto de su cabello, y 5. Para un mejor resultado repita el proceso.

Este último paso es mi favorito. Así que decidí copiarle a la industria del champú ese paso puesto que le he preguntado a miles de personas si gracias a esta instrucción han repetido alguna vez la aplicación del champú, y el ochenta por ciento lo ha hecho, eso es prueba suficiente de que este paso funciona. Así que tú también ¡repite! Haz una y otra y otra vez el proceso. Repite cada paso cuantas veces sean necesarias para que tu vida crezca constantemente en abundancia. Recuerda que lo que necesitamos crear son hábitos emocionales y cuando repetimos estamos forjando dichos hábitos.

Hemos hablado de muchos milagros ya. De muchas manifestaciones de amor, de cómo cuando vivimos desde este estado hermosísimo aquello que creíamos imposible resulta posible en nuestra vida.

Uno de los estados más anhelados por las personas es el estado de la abundancia. Cuando preguntamos a la gente: ¿si pudieras tener más de algo, qué sería? Invariablemente encontramos tres respuestas: salud, dinero y amor. Y en realidad a lo que se refieren es que quieren abundancia en la vida, y la salud, la abundancia económica o la riqueza y el amor son las tres prioridades más grandes que tienen los seres humanos.

Yo quiero decirte que para que haya algo «afuera» o algo materializado de manera exterior en nuestra vida, debe existir primero de manera interna. Si recuerdas, cuando hablamos de las percepciones aprendimos que nuestra realidad no es más que aquello que percibimos como real. Así que si quiero más de algo debo reconocerlo en mi vida, y comenzar a darlo y recibirlo. Igualmente tienes ya los siete pasos que puedes utilizar para crear más abundancia en tu vida.

Todo en la vida, las relaciones, las ideas e inclusive las personas nos suman o nos restan, y muy pocas veces encontramos personas, ideas, etc. que multiplican o dividen.

Este es uno de los puntos fundamentales para crear más abundancia: rodéate de las personas correctas.

RODÉATE DE LAS PERSONAS CORRECTAS

Nunca me cansaré de decirlo. Si quieres que tu vida crezca interminablemente es de suma importancia que comiences a rodearte de las personas correctas que le sumen valor a tu vida y a cuyas vidas les sumes tú también valor.

Verás que como dice John Maxwell, hay cuatro tipo de personas: las que suman, restan, multiplican y dividen. Creo que en tu vida te has topado al menos con una persona de cada estilo.

- Las que restan: Estas son las personas negativas que tienen una actitud pesimista. Las que siempre se están quejando de todo y digamos que no tienen grandes resultados a los cuales podamos aspirar. Se enfocan en placeres momentáneos que pueden distraerlos de sus grandes sueños: muchas fiestas, alcohol, bares, vicios, etc. No solo le restan a tu vida con actitudes negativas o sentimientos negativos. También con vicios, hábitos mediocres y cualquier cosa que te estorbe para crecer.
- Las que suman: Son todo lo contrario. Son personas alegres y positivas, enfocadas en hábitos saludables. Cuando hablamos con ellas definitivamente nos damos cuenta de que no estábamos dando o haciendo lo mejor que podíamos, y realmente queremos dar y hacer mejor. Nos enseñan que

nuestra vida puede crecer en todos los sentidos simplemente al ver su ejemplo y la congruencia con la que viven.

- Las que dividen: Hieren y lastiman a las demás personas. Una persona herida va a herir siempre a los demás. Son personas que encuentran enemigos en todos lados porque siempre están generando conflictos y se están comparando negativamente con todas las demás. Son las que critican y hablan mal de los otros, las que se toman todo de manera personal y caen en todas las trampas de la víctima, y no solo eso: son tan convincentes que hacen caer a muchas personas cercanas. Quieres estar lo más lejos posible de este tipo de personas porque si no terminarás siendo una de ellas.
- Las que multiplican: Crean un impacto tan grande en nuestra vida y manera de pensar que realizan una transformación grandiosa en nuestro ser. Son contadas las personas que hallarás en tu vida que multiplican, pero cuando encuentres una no la sueltes, porque querrás aprender a convertirte en una de ellas.

Si quieres saber a qué grupo perteneces haz una lista de las cinco personas con las que pasas más tiempo y acomódalas en una de estas cuatro categorías. No te sorprenderá darte cuenta de que la categoría que más personas tenga es seguramente la tuya también.

Una vida con propósito y una vida de armonía, éxito y amor encuentra todo aquello que multiplica, y te tengo una excelente noticia. No tienes que salir a buscar ferozmente a aquellas personas que multiplican y hacen que la vida crezca y dé un giro maravilloso e inesperado. Cuando vivimos desde el amor, sucesos, personas y oportunidades multiplicadoras comenzarán a manifestarse en nuestra vida.

Muchas veces estamos tan solo a «un cambio de enfoque» para encontrar a las personas correctas.

Es por ello que no hay que «salir a buscar» sino «entrar a encontrar» el estado del amor, y cuando encontramos en nosotros ese estado maravilloso entonces se manifiesta toda la abundancia en nuestra vida. Y no es que aparezca de repente, no es que de la nada surja todo, sino que no podemos ver afuera lo que no tenemos dentro y solo podemos ver afuera lo que llevamos dentro. Así que cuando encontramos esa fuente de amor y abundancia en nuestro interior es que comenzamos a verla manifestada «afuera», y eso incluye situaciones, oportunidades, pero también personas.

Así que ya sabes: dos de las claves más importantes para crear abundancia en nuestra vida son:

1. Rodearnos de personas que multipliquen. Ellas viven desde el estado de la abundancia y seguro nos contagiarán.
2. Cambiar nuestro enfoque de salir a buscar por entrar a encontrar toda esa abundancia en nuestro interior.

El amor en sí es una fuerza multiplicadora, de hecho es la fuerza multiplicadora más poderosa que existe.

¿Quieres que tu relación crezca y se multiplique, que tu negocio crezca y se multiplique, que tus ideas crezcan y se multipliquen? Inyéctales la mayor dosis de amor posible y déjate sorprender por el maravilloso milagro que tus ojos comenzarán a presenciar, ese milagro maravilloso del amor.

Capítulo 10

EL MILAGRO DE LA PASIÓN

Uno de los milagros que le dan más sabor a la vida y generan esa bomba de energía infinita que nos permite trascender todo tipo de barreras y limitantes, es también un ingrediente esencial en una vida exitosa: el milagro de la pasión.

Los seres humanos por naturaleza nos apasionamos en momentos muy esenciales de nuestra vida. Si yo te preguntara: ¿cuál o cuáles han sido los momentos de mayor pasión en tu vida?, te aseguro que podrías identificar algunos de esos momentos y los catalogarías como maravillosos o increíbles.

Ahora bien, ¿qué pasaría si toda tu vida fuera así?

¿Cómo te sentirías viviendo en un estado de pasión constante?

Te voy a dar la respuesta: increíblemente vivo.

La pasión es una de las expresiones humanas más auténticas del amor y como bien dicen estas líneas es una expresión o manifestación de una vida con amor. Nos podemos apasionar por ideas, personas, momentos, retos o circunstancias... por lo que sea. Y esto sucede precisamente cuando vivimos desde la unión y no desde la separación.

El mata-pasiones más grande que existe es el ego, el cual inyecta miedo, duda e incertidumbre a la vida de las personas en lugar de ese estado maravilloso de amor que se traduce en certeza absoluta por la vida, nuestro estado original. Este estado no es un estado de poca o baja energía y sin sentimientos, sino todo lo contrario: la pasión es un estado de absoluta energía, vitalidad, alerta y muchísimo positivismo.

Por eso la frase «haz lo que amas y amarás lo que haces». Cuando estamos en este estado de amor surge esa energía positiva y esto únicamente sucede cuando estamos conectados con nuestra fuente a través de nuestro corazón: vivimos entonces una vida intensa de pasión.

Si estudiamos la historia de los grandes líderes, de las personas que han trascendido y cambiado el mundo, de quienes han hecho que una parte de nuestra vida cotidiana sea extraordinaria, vamos a encontrar un elemento primordial: la pasión.

Y cuando me refiero a hacer extraordinaria parte de nuestra vida cotidiana me refiero a que todo lo que para ti hoy es normal o cotidiano: tu teléfono celular, un avión, un automóvil, una estufa, un horno, unas llaves, unos lentes, un reloj, etc., un día fue una idea loca, rara e imposible para la mayoría y, sin embargo, hoy todo eso forma parte de lo que para ti es normal. Eres el aceptador más grande de ideas locas y de grandeza, vives rodeado de esas ideas y tal vez ni cuenta te habías dado.

Y quiero recalcar que nada de eso hubiese sido real si detrás de ello no hubiese estado una persona llena de amor y manifestando su pasión.

¿Por qué es tan necesaria la pasión? Sin pasión no hay acción, pero más importante que la acción es saber que cuando salgamos a trascender y a dejar una huella en el mundo a través de la realización de nuestro propósito van a haber invariablemente momentos difíciles.

Nos vamos a caer.

Nos vamos a equivocar.

Van a suceder muchas cosas inesperadas que no nos van a gustar.

Si no tenemos pasión dejaremos muy rápido todo a un lado y regresaremos a nuestra cómoda y seguramente mediocre vida. Donde el miedo y el ego vuelven a ser más grandes que nosotros.

La pasión todos la hemos sentido en algún momento. A mí me encanta utilizar una palabra que nos vincula con una emoción muy fuerte y muy poderosa: hambre. Yo creo que la pasión debe también traducirse como hambre. Y uso esta palabra porque el hambre siempre, siempre, siempre es saciada. Podemos pensar o creer que no, pero cuando tenemos hambre tarde o temprano la satisfacemos. Cuando nuestra pasión es lo suficientemente grande, en realidad es hambre porque tarde o temprano será satisfecha.

Si tu ego y tu miedo son más grandes que tu hambre y tu pasión, entonces te sumergirás en una vida mediocre.

Si tu ego y tu miedo son iguales que tu hambre y tu pasión, te quedarás «atorado» y no verás avances ni crecimiento.

Pero si tu hambre y tu pasión son más grandes que tu ego y tu miedo, manifestarás el milagro de la pasión: harás posible lo imposible.

No hay grandes victorias con precios pequeños. Si queremos una victoria grande debemos estar dispuestos a pagar un precio igual de grande, y para eso es que necesitamos la pasión.

Es el sueño, la lucha y la victoria. Lo que sustenta las tres cosas es nuestro propósito. Si no tenemos hambre, entonces lo más seguro es que nos falte un propósito. Sin embargo, cuando conectamos con ese propósito del cual ya hemos hablado surge esa hambre feroz que nos llevará a triunfar de manera inigualable.

Nuestra hambre se puede alimentar y se puede hacer crecer, y mientras lo hacemos tendremos grandes sueños; si nuestra hambre sigue igual de grande estaremos dispuestos a pelear una batalla grande y nuestra victoria será igual de grande. Si en cambio tu hambre es pequeña porque tienes un propósito chiquito, entonces tu sueño es igual de pequeño, tu lucha será igualmente chiquita y no podemos esperar más que tener un resultado chiquito. Sin embargo, la gente quiere grandes resultados pagando precios muy pequeños. Eso simplemente es imposible. Quieren grandes vidas cuando su propósito es inexistente, su hambre es poca, sus sueños son vagos y la lucha que realizan es dispersa. Y luego, todavía se quejan.

Y sabrás que si no nos mueve el amor a través del milagro de la pasión es porque nos está moviendo el miedo.

¿CÓMO CONECTO CON MI PASIÓN?

Aprendamos a conectar con nuestra pasión.

Absolutamente todos en algún momento de nuestras vidas nos hemos sentido apasionados. Cuando nos hemos dejado de apasionar es porque hemos vinculado cierto dolor con lo que hicimos cuando estuvimos apasionados, pero eso no quiere decir que no nos podamos volver a sentir así.

Quiero que por unos minutos reflexiones y respondas las siguientes preguntas.

PREGUNTAS PARA LA REFLEXIÓN

1. ¿Qué es lo que más te hace sentir apasionado o lo que más te hizo en algún momento de tu vida sentir apasionado?

   _____

   _____

   _____

2. ¿Qué podrías hacer hoy para sentirte más apasionado? Es posible que no puedas o quieras hacer exactamente lo que escribiste arriba; sin embargo, algo debe de haber que te pueda hacer sentir apasionado de manera responsable.

   _____

   _____

   _____

   Recuerda que la emoción es creada por la acción. Si quieres sentirte de una manera debes actuar de esa manera. Muchas veces pensamos en lo contrario: creemos que cuando nos sintamos de una manera entonces actuaremos de tal forma. Por ejemplo: cuando me sienta feliz voy a contar un chiste o a celebrar o a parecer alegre, y en realidad es al revés, cuando cuente ese chiste o celebre o comience realmente a parecer alegre entonces me voy a sentir feliz. Ese es el poder de actuar desde la responsabilidad, y esta estrategia que te explico es sumamente poderosa.

La tercera pregunta que quiero hacerte para conectar con tu pasión es la siguiente:

3. ¿Qué ventajas tendrías en tu vida si comenzaras a vivir desde tu pasión? ¿Serías más productivo, tendrías más energía, mejor calidad emocional, etc.? Escribe todo lo que se te ocurra, mientras más profundices, mucho mejor.

_____

_____

_____

_____

4. Finalmente te pregunto: ¿cuánto te costaría si no conectas con tu pasión o si vives desde la apatía? ¿Cuál sería el costo en todos los sentidos: económico, emocional, familiar, en cuanto a tu carrera, tu misión y propósito de vida, etc., si decides no aumentar el nivel de pasión con el que vives y te quedas igual?

_____

_____

_____

_____

PREGUNTAS PARA LA REFLEXIÓN

¿CÓMO ME MANTENGO APASIONADO?

Felicidades por haber contestado las preguntas anteriormente propuestas. Si tienes más preguntas inteligentes para conectar con tu pasión, realízalas ahora, y si no te tomaste el tiempo para contestar a las que yo te hice, por favor hazlo ahora. Muchas veces nos topamos con un libro o un audio y simplemente lo leemos o escuchamos, pero no realizamos el trabajo; te digo que es lo más importante que puedes hacer ya que la información sin acción es basura, no te funciona en lo absoluto. Mi propósito con este libro es que tu vida cambie y comiences a vivir los milagros del amor, así que si no respondiste lo anterior, por favor tómate el tiempo y hazlo en este instante.

Excelente, sigamos entonces adelante. Creo en ti.

Como lo dice el subtema de este milagro, una cosa es conectar con tu pasión y otra muy distinta es quedarse ahí. Muchas veces nos es muy fácil hacer algo una o dos veces y no hacerlo más. Crear hábitos poderosos es lo más importante que podemos aprender como seres humanos. De nada nos sirve hacer bien algo por poco tiempo.

Por eso esta sección está diseñada para que tú y yo comencemos a crear un hábito maravilloso a través del cual estaremos manifestando una cantidad de milagros de amor sensacionales: el hábito de vivir apasionadamente. Y como lo hemos hecho antes, si realizamos las preguntas correctas, obtendremos las respuestas correctas. Así que manos a la obra.

¿Qué cinco preguntas podré hacerme todos los días que puedan mantenerme apasionado? Verás que podemos crear el hábito de hacernos una y otra vez preguntas de altísima calidad, y obtendremos una y otra vez respuestas de altísima calidad. Por ejemplo, yo todas las mañanas me pregunto: ¿qué puedo hacer para sacarle el máximo provecho a este día? ¿Con qué calidad y dedicación voy a realizar cada actividad de mi día? Quiero que ahora tú crees cinco preguntas que puedan afirmarte todos los días y puedan sacar lo mejor de ti:

1. _____

   _____

2. _____
   _____
   _____

3. _____
   _____
   _____

4. _____
   _____
   _____

5. _____
   _____
   _____

La segunda estrategia son las afirmaciones. ¿Sabes? Cuando tú y yo nos comunicamos con nosotros mismos lo hacemos a través de preguntas y afirmaciones, y es por eso que cuando controlamos tanto las preguntas como las afirmaciones controlamos nuestras emociones y podemos crear una vida llena de pasión.

Lamentablemente estamos muy acostumbrados a realizar afirmaciones negativas y escuchar las afirmaciones negativas de las demás personas, y al repetirlas una y otra vez en nuestra mente terminamos por tomarlas como verdades y vivir bajo esos estándares. Las afirmaciones negativas más comunes son: ¡qué tonto soy! ¡No puedo! ¡No sé! ¡Es muy difícil! ¡Qué barbaridad! ¡Qué horror! ¡Me choca! ¡No es para mí! ¡Si tan solo fuese distinto, entonces podría! ¡Es muy caro! ¡No tengo tiempo! ¡No tengo dinero!... y la lista podría continuar otras diez páginas. Pero ¿te das cuenta cómo son afirmaciones que repetimos una y otra y otra vez, y escuchamos una y otra y otra vez? A la larga lo que sucede con nosotros es que nos hemos dado órdenes negativas por tanto tiempo que nuestra actitud es completamente negativa y apática, eso quiere decir sin vida y obviamente sin pasión.

Pero podemos hacer lo contrario, podemos utilizar las afirmaciones a nuestro favor de tal manera que esa pasión sea un hábito en nuestra vida y estemos inyectándole pasión todos los días a nuestra vida.

La manera que yo tengo para reforzar esto es que todas las mañanas y todas las noches dentro de mis rituales de grandeza o hábitos de grandeza realizo afirmaciones una y otra vez con una alta intensidad emocional de tal manera que todo lo que reafirmo mi cerebro lo toma como algo importante, algo relevante, algo cierto. Así, cuando de repente escucho algo negativo durante el día: ¡pum!, en un instante me viene la frase positiva que ya está vinculada a emociones muy fuertes y muy positivas, emociones de muchísima pasión.

Te diré algunas de esas afirmaciones:

Me comprometo a dar lo mejor de mí.

Soy un ser lleno de vida, amor, pasión y grandeza, y vine a trascender y hacer de este mundo un mejor lugar para ser vivido.

Soy un ser perfecto. Valgo todo. Merezco todo. La abundancia de Dios se manifiesta en mi vida de maneras hermosas y extraordinarias.

Y mi favorita: todo lo que necesito se encuentra dentro de mí ahora.

Tengo otra favorita: amo a mi familia hermosa sobre todas las cosas y vivimos siempre desde el amor.

Estas son solo algunas de las afirmaciones que yo utilizo, ahora escribe tú al menos cinco afirmaciones que vas a realizar todos los días y con las cuales vas a condicionar ese estado de pasión en todo lo que hagas:

1. _____
   _____
2. _____
   _____
3. _____
   _____
4. _____
   _____
5. _____
   _____

En tercer lugar es sumamente importante que seamos muy cuidadosos con el tipo de palabras que vamos a utilizar cuando hablemos y cuando nos comuniquemos con nosotros mismos, ya que las palabras que utilizamos nos van a crear la emoción con la cual enfrentamos cierta situación. Por ejemplo, es muy distinto decir: «Estoy nervioso» a decir: «Estoy emocionado» ante la misma situación. Otro ejemplo es: «Tengo un tremendo problema» o «Delante de mí tengo un reto que me hará crecer y lo voy a resolver maravillosamente».

De la misma manera el significado que les damos a las cosas o los conceptos va a impactar en nuestra calidad emocional y, por lo tanto, en nuestro nivel de pasión. Un ejemplo muy claro es el impacto emocional que puede tener una palabra como «esposo». Para una mujer ese concepto puede significar algo hermoso, grandioso, compañero de vida y lo mejor que le ha sucedido. Sin embargo, el mismo concepto para otra señora puede tener el significado opuesto: hombre abusivo, maltratador, poco hombre, etc. Así que no solamente son las palabras que usamos, sino también el significado que hemos decidido darles a esas palabras.

Lo que debemos poner en práctica es la observación de nosotros mismos. En otras palabras, es observar todo lo que decimos y más importante, cómo lo decimos y qué palabras utilizamos. Recuerda que la calidad de tus palabras es la calidad de tus emociones.

Así que quiero que escribas una lista de al menos diez frases que usas constantemente. Para ello es importante que comiences con la autorreflexión y la lleves a la autoobservación. Si no puedes pensar en las diez ahora, está bien. No pasa nada, pero continúa con este ejercicio a lo largo del día.

Recuerda que lo que queremos hacer aquí es crear un nuevo condicionamiento positivo en nuestras vidas en el cual comencemos a pensar de manera más positiva.

Otro ejercicio que te pido que realices es que de ahora en adelante, por una semana pongas una alarma cada una hora y cuando suene piensa qué tipo de palabras, de vocabulario y de significados utilizaste en esa última hora y escríbelos. En una columna al lado de la palabra escribe cómo pudo haber sido mejor ese significado. Hacer esto de manera consciente y convertirlo en un hábito es extremadamente maravilloso. Notarás cómo tu calidad emocional comenzará a ser cada vez mejor y mejor.

Así que no esperes más y comienza ahora con el primer ejercicio de autoobservación escribiendo las últimas diez frases que utilizamos o las ideas que tuvimos en la última hora y que sabemos que podemos mejorar.

Algo muy importante: también cuenta lo que piensas y no solo lo que dices. Recuerda que para nuestro cerebro no hay diferencia entre lo que vivimos, pensamos, decimos o soñamos.

PALABRA, FRASE O IDEA	EJEMPLO DE CÓMO PUEDE MEJORAR
1.	
2.	
3.	
4.	
5.	
6.	
7.	
8.	
9.	
10.	

Ahora llena el cuadro a continuación con las palabras o los significados que has utilizado en la última semana y que puedes mejorar.

PALABRA, FRASE O IDEA	EJEMPLO DE CÓMO PUEDE MEJORAR

Recuerda poner una alarma para hacer el primer ejercicio cada una hora mientras estás despierto. Este ejercicio lo puedes hacer en un cuaderno aparte; será importante que lo realices mientras sigues leyendo este libro.

Miremos ahora cómo al incluir otro elemento maravilloso, además de la pasión, nuestra vida puede potencializarse de manera extraordinaria.

Ahora bien, una de las consecuencias de una vida llena de pasión es indudablemente la felicidad. Si yo puedo vivir desde lo que me apasiona y crear una vida extraordinaria desde mi pasión voy a tener una vida llena de dicha y felicidad.

Capítulo 11

EL MILAGRO DE LA FELICIDAD

Todos los seres humanos queremos y buscamos algo con fervor. Es más, prácticamente todo lo que hacemos en la vida es para conseguir este algo. De la misma forma lo que no hacemos es también, según nosotros, desde nuestra parte más subconsciente, una forma para obtener aquello que estamos buscando todo el tiempo mientras vivimos desde la separación. Y eso que buscamos lo conocemos o llamamos felicidad, otros le dicen dicha y otros alegría. Vivir desde este estado grandioso es definitivamente un milagro del amor.

Según mi parecer, la felicidad sí es diferente a un estado de dicha o alegría puesto que la felicidad la relaciono más con la paz, la tranquilidad. Saber que no le debo nada a nadie, que mi vida es perfecta, que puedo dormir tranquilo, que mi cauce es de crecimiento y contribución con y para el mundo, y estoy parado siempre desde mi propósito de vida, desde mi grandeza. Por lo tanto, muchas personas consideran que la felicidad es una elección y sí lo es, pero más que una elección debemos pensar que es una obligación.

Como quiera que conozcamos este estado maravilloso de grandeza y amor, cuando nos alejamos de él lo que sentimos es dolor. No significa que esté mal sentir dolor. De hecho es natural, normal y en muchos casos positivo. El problema es cuando el dolor se convierte en el estado más frecuente y en un estilo de vida, y se traduce en sufrimiento.

Muchas personas pasan los días viviendo en el dolor, sufriendo a cada instante e interpretando su vida desde este estado negativo y destructivo. Sin embargo, el dolor puede ser algo muy positivo, por lo mismo hay que tomar en cuenta que el dolor y el sufrimiento no son la misma cosa.

Tony Robbins menciona el principio del placer y el dolor. Él explica que todo en la vida lo hacemos para acercarnos al placer o evitar el dolor. En otras palabras, creemos que el placer nos traerá una vida plena o que en sí el placer es una vida plena, y por el contrario el dolor nos alejará completamente de esa plenitud. Sin embargo, esta visión e interpretación de las cosas sucede desde una perspectiva de separación en la cual no nos damos cuenta de que la fuente de una vida plena no es viviendo ciertos momentos de felicidad, sino viviendo en un estado consciente de plenitud y felicidad. Desde este estado no existe la separación, volvemos a conectarnos con nuestra fuente divina, con nuestro ser de luz y nos aceptamos tal y como somos. Desde este estado vivimos en nuestro presente y lo vivimos intensa y apasionadamente porque es ese nuestro verdadero estado; aquel para el cual estamos hechos. Desde este estado y en el presente no hay forma de preocuparnos o sentirnos agobiados porque nuestro enfoque no está en el pasado ni en el futuro sino en el «aquí y el ahora». Desde esta perspectiva la vida resulta increíble y fascinante porque nos damos cuenta de que cada paso que damos y cada suceso en nuestro andar realmente es un milagro.

Te digo esto porque es una realidad. Cuando vivimos desde el amor, entonces vivimos el milagro de la plenitud en nuestras vidas. Una vida con amor es una vida plena. Una vida sin amor es una vida con carencias. Por eso cuando hacemos algo con amor o desde el amor tiene sentido. Nos está acercando a nuestra fuente original, a Dios, nos está llenando el corazón y eso lo traducimos en dicha, felicidad y alegría: en una vida plena, una vida de paz y armonía.

Yo tengo siete reglas fundamentales para vivir desde la felicidad y las sigo cada vez que siento que me estoy desviando de este estado milagroso del amor. Así que te las transmitiré de manera breve para que formen parte de tu repertorio de herramientas y las puedas utilizar para mantenerte en este estado de dicha o felicidad:

1. *No supongo.* Seguramente pensaste que las reglas para vivir desde la felicidad eran muy complicadas; sin embargo, lo hermoso de la vida es que las cosas más grandiosas son también las más simples.

No suponer es una de las herramientas más poderosas, ya que las suposiciones literalmente nos envenenan y nos privan de vivir desde nuestro estado hermoso de unión. La suposición crea separación.

Imagínate lo complicado que es: suponer es pensar que un tercero piensa algo de lo cual yo no estoy seguro. Es una idea falsa de una idea falsa. Si queremos sufrir y atormentarnos, una herramienta para hacerlo es precisamente suponer.

Suponer automáticamente supone (valga la redundancia) un sufrimiento. Eso quiere decir que cuando yo digo que estoy suponiendo es porque estoy sufriendo por algo que es posible que ni siquiera sea verdad o real.

Un día en la preparatoria me dejaron la tarea de investigar la diferencia entre esquizofrenia y paranoia y acudí para tal tarea con mi abuelo Fausto Trejo quien fue, además de un ser humano grandioso, un psiquiatra y psicoanalista brillante. Él me lo explicó de una manera sencilla e ilustrativa. Me dijo que el paranoico veía castillos en el aire y el esquizofrénico vivía en los castillos que veía en el aire.

En otras palabras, uno suponía una realidad falsa y el otro vivía en esa realidad falsa.

Después de la explicación le pregunté a mi abuelo: «Patito (así le decía), ¿entonces cuando tú y Yayita (mi abuela) discuten o andan suponiendo, son esquizofrénicos o paranoicos?». Esa tarde mi abuelo rio bastante y me dijo: «Creo que tienes un punto mijito. Hablo mucho de esto con mis pacientes y creo que no hay tanta diferencia entre uno de ellos y lo que muchos de nosotros vivimos todos los días».

Así que dejemos de suponer porque es pagar por una carga que únicamente es dañina y no nos corresponde llevar.

2. *Soy ciento diez por ciento responsable*. Para mí ser ciento diez por ciento responsable es cien por ciento actitud y diez por ciento aptitud, como ya lo hemos señalado, y a lo largo del tiempo y durante las conferencias que he impartido lo he hablado ya con más de cien mil personas. En tan solo el último año he impartido más de doscientas conferencias a distintos grupos de personas, empresarios, escuelas, universidades, fundaciones, etc. Y he descubierto, después de ver y hablar con mucha gente, que hay cinco elementos o estados a los cuales acudimos y por los que dejamos de ser responsables y, por lo tanto, nos convierten en una víctima:

a) Culpar: En el instante en el que yo culpo a una persona me estoy deslindando de toda la responsabilidad. Eso quiere decir que pierdo todo mi poder personal. Todo lo que podía hacer, ahora ya no depende de mí porque les echo la culpa a las personas que me rodean o las que no me rodean, a las circunstancias, a la familia, al gobierno, a la economía, a mi mala suerte o al lugar en donde «me tocó» vivir. Como si no pudiese hacer nada al respecto.

Otro elemento de la culpa es que vive en el pasado o en el futuro incierto. Cuando yo culpo no puedo hacer nada al respecto porque todo queda fuera de mi alcance. Al pasado y al futuro no puedo acceder y, por lo tanto, la culpa me justifica. Yo sigo estando bien.

b) Quejarse: He hecho la siguiente pregunta una y otra y otra vez en cientos de audiencias: «¿A quién le gusta estar con una persona que se queja?». E invariablemente la respuesta es: «A nadie». Nunca nadie ha levantado la mano. Todos aborrecemos pasar tiempo con las personas que viven quejándose.

Bueno, eso piensa la gente de ti o de mí cuando nos quejamos. Nos aborrecen y no quieren estar cerca de nosotros.

La queja surge del desvalido, y yo quiero decirte que tú no eres un desvalido a menos que te veas y aceptes como tal. Una persona responsable no se queja: hace algo al respecto. Y te voy a decir una cosa: siempre hay algo que puedes hacer en vez de quejarte.

Sin embargo, igual que con la culpa, quejarse es muy rico. De hecho es delicioso porque nos podemos desahogar y sentirnos escuchados, y numerosas veces hasta identificados con muchas personas que nos rodean. Cuando uno se queja el otro lo hace y en un ratito todos parecen estar en una romería, identificados con un problema en común del cual vale la pena desahogarse. No creo que desahogarse sea algo malo, pero se puede hacer de manera responsable y no a través del quejido.

¿Cómo? Hablando en primera persona, asumiendo siempre la responsabilidad de nuestros actos y sus consecuencias, enfocándonos en nuestro presente y hablando siempre de una solución ante la cual tenemos el control total.

c) Juzgar: Es mortal cuando calificamos a las demás personas según nuestros criterios. Si algo he aprendido en mi vida es que todos los seres humanos hemos hecho lo mejor que hemos podido con las herramientas obtenidas a lo largo del camino.

Juzgar a una persona es terrible, pero peor que juzgar a alguien es juzgarnos a nosotros mismos. Cuando me juzgo, automáticamente genero una carga emocional negativa que no me conviene. Cuando juzgo a alguien también.

Recuerda que nadie es lo suficientemente experto en el arte de la vida como para juzgar a los demás. Así que no aceptes juicios de las demás personas, lo único que importa es todo lo bueno que puedes reconocer en ti y no lo malo que alguien pueda interpretar, y de la misma manera no caigas en la tentación y la trampa de juzgar a los demás seres humanos, no vaya a ser que tomen o acepten tus ideas mediocres.

e) Minimizar: La herramienta favorita de las mentes mediocres es la minimización. Cuando cometemos un error o hacemos algo mal, rápido y naturalmente tratamos de que el error se vea pequeño y de esa manera no nos veamos «tan mal».

Así pues llegar cinco minutitos tarde no es igual que llegar cinco minutos tarde y mucho menos cinco minutotes. Porque los minutitos tienen segunditos que seguramente duran menos que los segundotes. Una rebanadita de pastel, por supuesto que tiene menos calorías que una rebanada, aunque pesen lo mismo y provengan del mismo pastel, y los errorcitos son menos relevantes que los errorzotes que han de salir más caros como los cien pesotes que gané contra los cien pesitos que perdí.

Cuando minimizamos nos estamos engañando y estamos engañando a los demás. Así de sencillo.

f) Excusas o pretextos: Tú puedes cambiar el mundo o puedes poner pretextos, pero ambas cosas no las puedes hacer.

Tú eliges: quieres vivir una vida de razones y propósitos para lograr la grandeza y crear una vida rica y llena de significado o quieres cargar con una vida tediosa y llena de excusas y pretextos que justifiquen por qué nunca pudiste lograr una vida maravillosa.

Cuando caemos en el hábito de poner excusas y pretextos intercambiamos todo nuestro potencial y un futuro grandioso y maravilloso por opiniones mediocres, que tú y yo sabemos que simplemente no valen la pena.

Muy bien, ahora ya sabes qué no hay que hacer para vivir desde la responsabilidad y no desde la posición de víctima total, y recuerda: solo una víctima quiere a otra víctima.

3. *No me tomo las cosas de manera personal.* Cuando yo me tomo las cosas de manera personal es como si me tomara una copa de veneno y esperara que otra persona se muriera por ello. No tiene sentido alguno y el que se muere soy yo si yo fui el que me tomé la copa de veneno.

¿Cuántas veces te ha sucedido que te tomas algo de manera personal y luego te das cuenta de que tú no tenías absolutamente nada que ver? Pues te diré que a mí me ha sucedido muchas. Demasiadas como para ya no querer vivir desde ese estado y con esas ideas.

Una persona que se toma las cosas de manera personal tiene que lidiar con una vida miserable. Es terrible y da mucha pena, pero es muy cierto.

Cuando una persona realiza un comentario negativo y yo permito que ese comentario me afecte le estoy otorgando mi poder personal a ese otro ser humano. ¡Imagínate! Estoy comprometiendo lo más grandioso de mi vida y de mi ser, mi felicidad y mi estado de bienestar y amor por algo que dijo otra persona y que no tiene nada que ver conmigo, tiene que ver todo con la persona que lo dijo. ¿Te das cuenta?

Yo no puedo ver en las demás personas algo que no reconozco en mí, y de la misma manera yo no veré en mí algo que no reconozco en otra persona.

Así que por el amor de Dios, de ahora en adelante nunca permitas que el comentario mediocre o el acto mediocre de otro ser humano te robe tu felicidad o bienestar: simplemente no lo vale.

4. *No reacciono de manera negativa.* A pesar de que algo no me guste, eso no quiere decir que tenga que reaccionar de una manera negativa. El problema cuando reacciono consciente o inconscientemente de manera negativa es que comienzo a alterar y afectar mi entorno y a las personas que se encuentran en él. Y peor aún, refuerzo aquello que no quiero en mi vida como algo grande y relevante. Parte de ser responsable es saber lidiar con las situaciones que no me gustan.

Este puede ser uno de los puntos más difíciles de poner en práctica, pero créeme que es de los más importantes y de los que más tranquilidad nos van a traer a nuestra vida.

Lo que tenemos que poner en práctica es el control interno. Más que controlar nuestras emociones es controlar nuestras acciones y nuestra manera de actuar. Es ser consciente de lo que quiero crear en mi vida a largo plazo y cómo una reacción negativa puede afectar tanto mi futuro.

Nos han enseñado a quejarnos cuando algo no nos gusta, a enojarnos cuando no queremos algo, a estar disgustados con las demás personas cuando no hacen lo que queremos ni cómo lo queremos. Yo pienso que todo eso, aunque es parte de nuestra cultura, es muy primitivo. Honestamente creo que ya es hora de que como sociedad comencemos a cultivar no la angustia, el enojo ni los hábitos negativos, sino el autocontrol y un ambiente positivo.

Cuando algo no me gusta lo comunico, pero desde un estado de mucha consciencia y amor, y sin esperar controlar o manipular a la otra persona. Recuerda que el único cambio que puedo hacer es un cambio en mí. Querer que las demás personas cambien sucede cuando yo no estoy dispuesto a cambiar, y cuando yo no estoy dispuesto a cambiar entonces nada va a cambiar. Si quiero un cambio en mi vida no debo esperarlo y mucho menos exigirlo de las demás personas, sino de mí. La comunicación es sumamente importante, pero nunca debe tener como fin manipular o hacer que la otra persona cambie. Recuerda que el respeto es lo más importante de todo.

Yo tengo una frase que puede ayudarte a entender más a profundidad este punto: «Ten una muy baja expectativa de los demás y de las circunstancias, y ten una extraordinaria y grandiosa expectativa de ti». No se trata de esperar que tu equipo, tu pareja o la gente que amas actúe de manera negativa, pero sí que tu expectativa hacia ellos sea muy baja o inexistente. Esto quiere decir que tú no vas a condicionar tu relación, tu amor hacia los demás ni tu bienestar con lo que esperas de los demás. Si yo espero que todos me traten de maravilla, me resuelvan la vida, me den y hagan todo, que el ambiente político, económico y social sea increíble, que el gobierno me apoye y que mi familia siempre esté ahí para mí, lo más probable es que me convierta en un «bueno para nada» esperando que todos me resuelvan todo. Si en cambio las expectativas que tengo de todo y de todos son muy bajas o inexistentes, voy a esperar que todo el bienestar y el crecimiento vengan de mí. Mi actitud será entonces completamente distinta, y si de repente llega algo de los demás que me ayude lo recibiré desde el amor y con mucha gratitud. Todo sumará.

Tener una baja expectativa personal es lo peor. Cuando no espero nada de mí entonces no hago nada. Sin embargo, vivir desde la felicidad y, por lo tanto, desde el amor es tener siempre las mejores expectativas personales porque tenemos fe, creemos en nuestro potencial, conocemos el poder creador infinito que vive en nosotros, sabemos que nada es imposible si realmente queremos lograrlo, entendemos que nuestra vida es un producto de nuestras percepciones y, por ende, un producto que depende de mí, nos apasiona cada día de nuestra vida y de esta forma únicamente podemos esperar cosas maravillosas y extraordinarias: milagros que nacen inspirados en el amor que nos tenemos. Así que recuerda la regla: «Baja o ninguna expectativa de nada ni de nadie, y una extraordinaria expectativa de mí».

5. *Elijo la paz en vez de tener la razón.* Como seres humanos vivimos experiencias humanas con otros seres humanos y eso involucra las relaciones. Cuando estamos a gusto, conformes y felices todas las relaciones son sencillas, el problema es cuando hay algo que no nos gusta. Hemos aprendido que reaccionar negativamente es lo peor que podemos hacer. Y muchas veces cuando nos comunicamos lo que queremos es una cosa: tener la razón. Pero no solo cuando nos comunicamos con otras personas, también cuando lo hacemos con nosotros mismos. Queremos estar bien y en lo correcto: ante nosotros y ante los demás.

Sin embargo, no siempre es lo más conveniente. Muchas veces tener la razón comprometerá mi felicidad y la felicidad de las demás personas. Recuerda que en una guerra no hay ganadores. Cuando dos países o dos personas pelean, por el simple hecho de pelear ya perdieron. Lo mismo sucede cuando discutimos y queremos forzosamente que las demás personas entiendan lo que queremos decir. Querer tener la razón por el simple hecho de querer tenerla y estar bien no resulta en nada positivo, sino todo lo contrario. No nos damos cuenta de que en realidad estamos afectando la relación con la otra persona. ¿Realmente es más importante tener la razón que la relación con la otra persona? ¿Realmente es más importante tener la razón que mi estado de amor y felicidad?

Todos queremos ser felices, ¿no? Y cuando peleamos por tener la razón estamos en ese instante comprometiendo nuestra felicidad. Entonces no tiene sentido. Sin embargo, la costumbre de querer tener la razón es tan grande que sin darnos cuenta comprometemos lo más importante en nuestra vida.

Recuerda que cuando vivimos desde el amor vivimos desde la unión y eso significa que en el fondo todos somos uno, somos parte de la misma vida, del mismo ecosistema y también de la misma experiencia. Cuando yo veo tus ojos y tú los míos, en ese instante somos la misma experiencia, no hay separación si es que vivimos desde el amor. Es por eso que cuando peleamos y discutimos por tener la razón comprometemos esa paz y esa felicidad por las cuales tanto trabajamos, soñamos y luchamos.

Elije entonces la paz en vez de querer tener la razón.

Y si crees que la otra persona se equivoca o no está haciendo bien las cosas, enfócate en aprender de la experiencia y no en engancharte con querer hacer cambiar a la otra persona.

Hay una reflexión que realizo constantemente: «El progreso interno debe suceder ahora, no puedo esperar más. La mejora personal, las acciones de grandeza, las decisiones importantes y los pasos de éxito deben suceder ahora. La respuesta de las personas, la mejora de mi sociedad, de quienes me rodean, el momento en el que ellos se decidan y crezcan llegarán a su debido tiempo. No puedo forzarlo y no tiene sentido hacerlo. Si no es hoy, será otro día». Como puedes ver, es muy similar a lo que acabamos de comentar en el punto anterior cuando hablamos de las expectativas. Por eso te digo: elije la paz, siempre la paz. Después de unos años lo vas a agradecer.

6. *Doy siempre las gracias.* Siempre digo que cada punto es mi favorito, porque cuando pienso en ello siento que la información es tan valiosa y veo cuánto valor le ha sumado a mi vida que realmente creo que es

el más importante. Y por eso pienso que agradecer es una de las cosas más hermosas e importantes que podemos hacer.

Agradecer literalmente significa «llenar de gracia». Lo más hermoso es que cuando agradecemos, como lo veremos más adelante en el milagro de la gratitud, nuestra vida cobra un sentido distinto y nos damos cuenta de que todo lo que necesitamos ya lo tenemos dentro.

Me limitaré en este punto, puesto que más adelante recibirás más información al respecto, pero sí quiero decirte que es preferible que te digan «Don Gracias» por agradecer por todo cien veces al día a que te digan «Don Quejidos» por amargado y estarte quejando todo el tiempo.

Una vida de gratitud es una vida feliz. Así de simple.

7. *Vivo desde el presente.* No hay regalo más grande que vivir desde el presente. Es por eso que al presente le llamamos así, puesto que *presente* significa «regalo».

Te quiero contar una breve historia que una vez me hicieron: estaban dos monjes caminando en un bosque de regreso al monasterio después de haber comprado pan. Iban platicando acerca de temas religiosos y ambos estaban dichosos y gozosos, disfrutando cada paso y cada bocanada de aire del bosque.

Después de unos minutos llegaron al río, el mismo que siempre cruzaban con mucho cuidado, con las sandalias en las manos y sus ropas levantadas hasta las rodillas. Sin embargo, aquel día era diferente, puesto que en el río se encontraba una muchacha bellísima. Automáticamente ambos se pusieron nerviosos y se lanzaron una mirada perspicaz y amenazante, ya que sabían que no debían tener pensamientos pecaminosos. No obstante, la muchacha parecía algo desconcertada y se veía que en realidad necesitaba ayuda. Así que se acercaron a ella y la mirada se intensificó puesto que estaba completamente mojada, y su hermosa figura era muy visible a través de sus ropas blancas que se pegaban a su cuerpo y se transparentaban un poco.

Uno de ellos miró al otro y le dijo: «Hermano, no podemos ayudar a la muchacha, es peligroso ya que podemos caer en el pecado». El otro, más maduro que el primero, le respondió: «Hermano mío, pecado sería no ayudarla». Así que el segundo monje le dio la bolsa del pan al primero, se acercó a la muchacha y le pidió que brincara a su espalda, tomó sus piernas y se lanzó a cruzar el río, ayudando así a la hermosa y empapada dama.

Después de que hubieron cruzado el río, amablemente el monje bajó a la muchacha de su espalda, le regaló una sonrisa y le compartió su túnica seca quedándose él en ropas menores.

El primer monje estaba completamente incrédulo. Su hermano monje había cometido varios pecados ahí enfrente de la muchacha. No solamente la había tocado, la había cargado, la había sostenido de sus piernas: ¡de sus piernas! Ella se había recargado y había abrazado al monje... toda mojada. Después se había quedado casi desnudo frente a la muchacha y le había dado sus ropas. Verdaderamente no lo podía creer.

Después de unos treinta minutos, poco antes de llegar al monasterio, seguía en total perplejidad y asombro. Estaba incluso molesto y enojado con su hermano monje, así que le dijo: «Hermano, estoy verdaderamente decepcionado de ti, no puedo creer lo que hiciste y todos los pecados que cometiste, vas a tener que rendir grandes cuentas, hermano». Sin embargo, el otro monje no se dejó alterar y amablemente le respondió: «Hermano mío, hace media hora yo ayudé a una jovencita a cruzar el río. En efecto la cargué ya que la pobre estaba desesperada, crucé el río con ella, luego la vestí con mis ropas y posteriormente me despedí de ella y la solté. Tú, hermano mío, llevas más de media hora cargándola...».

No cargues con lo que no te corresponde, ya que cuando cargamos con el pasado, desaprovechamos la gran oportunidad de darle un sentido y un propósito real a nuestra vida: el amor.

Recuerda que el amor solo vive en el presente, y cuando vivimos en el presente y dejamos que el amor se manifieste comenzamos a vivir este milagro extraordinario, el milagro de la felicidad.

Pongamos ahora en práctica cada uno de los siete pasos de la felicidad; recuerda que la información como tal no sirve para nada a menos que te lleve a tomar decisiones y cambios importantes en tu vida. Así que, por favor, escribe dos decisiones por cada clave para la felicidad que te comprometes a tomar para vivir desde este extraordinario milagro.

1. No supongo:

    a) _____

    b) _____

2. Ciento diez por ciento responsable:

    a) _____

    b) _____

3. No me tomo las cosas de manera personal:

    a) _____

    b) _____

3. No reacciono negativamente:

    a) _____

    b) _____

4. Elijo la paz en vez de tener la razón:

    a) _____

    b) _____

5. Doy siempre las gracias:

    a) _____

    b) _____

6. Vivo desde el presente:

    a) _____

    b) _____

Capítulo 12

EL MILAGRO DE LA GRATITUD

El milagro de la gratitud es un detonante ya que estar viviendo en ese estado tarde o temprano te lleva al estado del amor, y cuando vivimos desde el estado del amor entonces el milagro de la gratitud es inevitable. Para mí son conceptos que vienen de la mano, son inseparables e indivisibles; no puede haber una vida con amor sin gratitud, y viceversa, no puede haber una vida con gratitud sin amor, por eso para mí no hay mucha diferencia entre una vida llena de amor y una vida llena de gratitud. Ambas emociones representan vida, representan su propósito puesto en práctica, en acción. Ambas son resultado y causantes de una vida en plenitud y armonía.

Además de todo el significado de la palabra gratitud existe uno verdaderamente hermoso. Vivir desde la gratitud literalmente significa «vivir desde la gracia de Dios».

Los seres humanos somos seres de experiencias. Aquello que vivimos, con lo que conformamos y vamos armando nuestra vida y nuestra identidad son puras experiencias; momentos que vamos tomando y considerando como relevantes e integrando dentro de nuestro sistema de creencias. Son esas experiencias las que forman nuestra historia de vida, le dan un inicio, un final, un rumbo y un sentido.

Y una de las características humanas es que solo podemos vivir o experimentar una emoción a la vez.

¿Puedes acaso sentirte feliz-triste o decidido-confundido? ¡Es imposible! O me siento de una manera o me siento de la otra.

No podemos estar sintiendo amor y odio, o gratitud y rencor, o armonía y desequilibrio al mismo tiempo. Y como tal, esa experiencia es nuestra experiencia de vida, aquello que nos da forma en ese instante. Ante nuestros ojos y nuestra consciencia, esa es nuestra realidad en ese instante.

Por eso nuestro momento de vida, nuestro tiempo para vivir se llama presente. Es nuestro único regalo maravilloso. El presente es eso, es el regalo de nuestra vida, de nuestra identidad como seres humanos en el instante en que estamos siendo a través de nuestra experiencia y de nuestra realidad, creada por nuestras creencias y percepciones, y matizada y proyectada, con forma, gracias a nuestras emociones. Vivimos así una experiencia única, efímera, instantánea, pero también eterna y perfecta.

Tu presente siempre está ahí, aunque pienses que dure un milisegundo.

Vivir en amor nos permite tener ese regalo maravilloso de explotar en gratitud por ese instante efímero y eterno en el cual el tiempo y el espacio pierden sentido alguno ya que nos fundimos con la experiencia de vivir y, sobre todo, vivir en y desde el amor, puesto que es cuando esa experiencia se convierte en un milagro.

La gratitud es la esfera que rodea al amor, y si vivimos en amor, este milagro se manifestará en nuestra vida de manera natural y espontánea. Como es también la esfera que rodea al amor, entonces vivir el milagro de la gratitud es también el puente para poder llegar al milagro del amor.

Lo único que requerimos o necesitamos hacer para vivir este milagro es comenzar a agradecer. Tan sencillo como eso. Cuando me levanto todos los días y antes de irme a dormir tengo un hábito maravilloso de agradecimiento, doy gracias a Dios por todo lo que tengo en mi vida y automáticamente me conecto con la fuente infinita del amor. Cuando menos me doy cuenta estoy dando gracias por todos los milagros maravillosos de mi vida.

Si nuestro enfoque está en agradecer y nuestra energía se encuentra en todas las cosas maravillosas de nuestra vida, entonces todo aquello en lo que nos enfocamos crece y se multiplica. Y no es que en sí se haga más grande. Si vemos fijamente una manzana es evidente que la manzana no va a crecer o aumentar de tamaño. Pero sí cobrará más relevancia en nuestra vida. La manzana absorberá nuestra experiencia, lo que hará que al observarla la veamos algo más «grande» y relevante para nuestra experiencia.

Nuestro cerebro, para facilitarse la vida, genera patrones. Esos patrones automatizan nuestros procesos internos. Patrones de pensamiento, de conducta, etc. De esa manera nos ahorramos el esfuerzo de pensar conscientemente cada vez que queremos algo. El problema es que cuando estamos sumergidos en una realidad negativa por tanto tiempo, se forman esos patrones negativos de pensamiento y sucede lo que a la gran mayoría de las personas les pasa.

A pesar de que queremos algo, no podemos dejar de ver ni quitar de nuestra vida todas aquellas cosas negativas y estorbosas que nos impiden crecer y alcanzar lo que queremos.

Es cuestión de enfoque.

Para cambiar el enfoque lo que necesitamos es interrumpir el patrón limitante. Eso quiere decir que debemos darnos cuenta de cuándo caemos en patrones negativos y automáticamente y de manera brusca romper con el patrón cambiando a una actividad diferente.

Lo que sucede a nivel neurológico es que le dices a tu cerebro: «Algo está pasando, no tenemos tiempo ni energía para pensamientos negativos», y por lo tanto, nuestro cerebro interrumpe la actividad negativa.

Una vez que hayamos hecho esto podemos formularnos la siguiente pregunta: ¿de qué me siento profundamente agradecido en mi vida? ¿Esta situación en qué me puede beneficiar y, por lo tanto, cómo puedo dar gracias por esta circunstancia?

Cuando interrumpimos el patrón y bruscamente cambiamos nuestro estado limitante a nuestro estado de gratitud generamos dos beneficios increíbles. El primero es que dejamos de anclarnos y de condicionar un estado negativo en nuestra vida y el segundo es que reforzamos un estado maravilloso de gratitud en la misma.

Es posible que tú te preguntes ahora: ¿pero cómo es que me puedo sentir agradecido por las cosas terribles que me han sucedido? Y yo te voy a decir que no solo es posible, es maravilloso. A pesar de que nos hayan educado haciéndonos sentir mal por las cosas negativas que nos suceden, podemos darles un significado muy distinto y sentirnos en plenitud y agradecimiento con ellas en vez de cargarlas en nuestra espalda como algo pesado e hiriente. Realmente no es lo que pasa, sino cómo reaccionamos ante lo que pasa y cómo interpretamos aquello que pasa lo que hace toda la diferencia. Te pido un poco de paciencia ya que esto lo entenderás un poco más adelante cuando nos detengamos en el milagro de la perfección.

Ahora te voy a presentar una herramienta maravillosa. Entre las herramientas que utilizo para tener una vida llena de amor, una vida en verdad maravillosa y extraordinaria, esta es una de las más poderosas y una de mis favoritas.

Quiero recalcar también que aprender esta lección me costó tanto que no pasa ni un solo día en el que yo no aplique lo que vas a leer a continuación. Verdaderamente apreciamos lo que nos cuesta. Así que espero desde lo más profundo de mi corazón que aprecies y utilices esta herramienta así como yo lo he hecho, porque a mí me ha cambiado la vida.

HONRAR, RESPETAR Y AGRADECER

Uno de los secretos más grandes del éxito que he obtenido en mi vida se debe a lo que estoy por revelarte. Este secreto puesto en práctica comienza a materializar milagros en tu vida de una manera extraordinaria. Es un secreto que al llevarlo a cabo eleva tu estándar de vida y al mismo tiempo eleva el estándar de vida de las personas que te rodean. Es uno de los factores de éxito de muchos de los empresarios más reconocidos e influyentes del mundo. Es un secreto que eleva el nivel de liderazgo de todo aquel que lo pone en práctica y, sobre todo, nos convierte en guerreros del amor, ya que cada vez que lo llevamos a cabo dejamos una huella de amor en el corazón de las personas. Todos recordarán nuestro nombre, nuestro rostro y fundamentalmente la maravillosa experiencia que les habremos dejado en su corazón.

Una de las frases de John Maxwell que más me gustan es: «La gente nunca recordará lo que dijiste, pero siempre recordará cómo la hiciste sentir».[1]

La experiencia del amor, por más complicada que parezca, es como muchos de los grandes secretos del amor y del éxito: extremadamente simple y sencilla, y tal vez por lo mismo extremadamente rara y escasa en las personas.

El secreto que te voy a revelar y que invariablemente saca esa experiencia de amor en nosotros mismos y en las personas que nos rodean es el siguiente: honrar, respetar y agradecer. Así de simple, así de sencillo, pero también así de poderoso.

Honrar: Hay una frase muy famosa que dice «honor a quien honor merece». La verdad es que yo creo que todos los seres humanos, por el simple hecho de serlo, merecemos honor. Y es ese honor el que nos corona como reyes y seres divinos dentro de nuestra maravillosa esencia. Para mí es ese reconocimiento de la grandeza que todos llevamos dentro, del potencial infinito que como seres humanos nos caracteriza. Honrar a un ser humano es enaltecerlo. Es sacar lo mejor de él. Eso que ya lleva consigo, eso que ya está dentro de su corazón. Aquello que en un principio lo convierte en un ser humano digno y honorable. Es darnos cuenta de que en el instante en el que entramos en contacto con un ser humano, nuestro presente es su presente, nuestro instante de vivir es su instante de vivir; viviendo desde el amor, no existe la separación y, por lo tanto, mi experiencia es su experiencia. Es nuestra experiencia. No hay diferencia en ese pequeño instante. Nuestras realidades quedan fusionadas en una sola experiencia. Ese debe ser un acto de honor ya que el honor nace de la consciencia.

Respetar: El acto de respeto más grande que tenemos como seres humanos es reconocer todo lo que podemos llegar a ser, pero todavía no hemos alcanzado. ¿Cómo sería nuestra vida y la vida de las demás personas si tratáramos a todos por lo que pueden llegar a ser y no por lo que son? Todos comenzaríamos a comportarnos desde la unión y no desde la separación. El respeto a un ser humano es igual que el respeto que se le tiene a un hermoso atardecer o el respeto que se le tiene al mar. Es dejarnos imponer por la grandeza y la perfección del otro ser humano y del momento presente que nos une. El respeto va mucho más allá de no cruzar la línea de la intimidad de manera involuntaria o de no «faltarle el respeto a alguien». Es un acto de amor porque es confiar plenamente en la vida y la esencia del otro ser humano simplemente por ser humano.

Agradecer: Cuando lo que sale de mi boca, sale solo para hacer el bien, entonces estoy cumpliendo con mi propósito en la vida. Cuando de mi boca salen palabras de aliento y de edificación, entonces salen palabras que aportan a la construcción de un lugar mejor y más digno de ser vivido por todos y para todos. Cuando a través de mis palabras y de mis acciones doy las gracias, literalmente estoy llenando de gracia la vida del otro ser humano, por eso la palabra agradecer. En el momento en el que yo resalto todo lo positivo del otro ser humano no únicamente lo estoy reforzando en él, sino que también lo estoy sacando de mí porque solo podemos ver en los demás lo que llevamos dentro de nosotros mismos. Cuando agradecemos, llenamos de amor el corazón de los demás seres humanos. Agradecer es literalmente llenar de gracia el momento presente que nos une, en este instante tan efímero pero a la vez tan eterno, en la delgada línea en donde el tiempo deja de existir y simplemente, por un momento, todo pierde la importancia excepto el mismo momento. La gratitud, sin lugar a dudas, conduce a la transformación y la trascendencia. Y es verdaderamente tan fácil y sencillo agradecer...

Cuando honramos, respetamos y agradecemos a otro ser humano sucede uno de mis milagros favoritos. La persona a la que reconocemos vive esta transformación ya que cambia de estado, a uno de gratitud absoluta. Cuando vivimos en este estado lo primero que funciona es nuestro sistema inmunológico, el cual nos genera defensas muy altas en contra de cualquier virus o enfermedad. Por otro lado, segregamos endorfinas que son también conocidas como «las hormonas de la felicidad», lo cual literalmente trae mayor dicha y bienestar a nuestra vida. Pero no solo llenamos de esa emoción maravillosa y de ese bienestar al ser humano ante el cual realizamos dicho acto hermoso de reconocimiento y gratitud. El proceso que tenemos nosotros mismos al reconocer a esa otra persona es exactamente el mismo. Y la razón es hermosa: no podemos ver en los demás aquello que no tenemos en nosotros mismos. Por eso cuando reconocemos la grandeza de otro ser humano, estamos reconociendo nuestra propia grandeza.

¿Quieres saber qué es lo más grandioso de todo? Todos los espectadores del acto de reconocimiento viven el mismo proceso, porque cuando están observando el evento automáticamente reconocen que esa misma grandeza que hay dentro de ellos renace en todo su esplendor.

Los resultados de honrar, respetar y agradecer son mágicos y generan actos de verdadera trascendencia. Cuando realizamos estos actos y generamos bienestar en personas que ni siquiera conocemos, es imposible medir el impacto de esas pequeñas acciones, pero de lo que sí podemos estar completamente seguros es de que el impacto resulta abismal y que estamos viviendo un milagro del amor, estamos forjando una vida de amor.

Ahora quiero que pongamos en práctica este milagro hermoso a través del acto de honrar, respetar y agradecer.

Quiero que generes el hábito de hacer esto con cualquier persona. Es increíble cómo podemos honrar, respetar y agradecer a un mesero, a un taxista, a un familiar, a un desconocido en la calle y a cualquier ser humano que se tope en nuestro camino.

Así que no dejes pasar ni un segundo más y comienza a honrar, respetar y agradecer. Hazlo como mínimo con diez personas o hasta que se convierta en un hábito para ti.

En las siguientes líneas quiero que escribas el impacto que viste en ti, en las personas a las que honraste, respetaste y agradeciste, y en los terceros que estuvieron presentes en el acto de gratitud.

Te recomiendo que continúes leyendo este libro una vez que hayas concluido con este ejercicio.

1. _____
   _____
   _____

2. _____
   _____
   _____

3. _____
   _____
   _____

4. _____
   _____
   _____

5. _____
   _____
   _____

6. _____
   _____
   _____

7. _____
   _____
   _____

8. _____
   _____
   _____

9. _____
   _____
   _____

10. _____
    _____

Es extraordinario reconocer una vida de grandeza a través de los ojos de la gratitud.

Un hábito maravilloso que yo tengo, y que si gustas puedes realizar todos los días, es tomarme el tiempo para agradecer y sentirme inmerso en ese estado de gratitud total y absoluta.

Cuando te despiertes, que lo primero que hagas durante cinco minutos sea agradecer desde lo más profundo de tu corazón. Agradece todo: tu vida, tu familia, la oportunidad tan maravillosa de estar despierto un día más, de moverte, respirar, abrir los ojos, percibir los colores, los sabores, en fin... de tener esa abundancia y esa vida en todos los aspectos.

Capítulo 13

EL MILAGRO DE LA PERFECCIÓN

Este milagro puede ser uno de los más difíciles de entender. Hay algunos milagros que, a pesar de que la única forma de vivirlos o experimentarlos es a través del corazón, podemos usar hasta cierto punto la mente para entenderlos, y tienen sentido, los creemos sin ton ni son.

O más bien creemos que los creemos.

Sin embargo, la única fuente de la convicción es la experiencia. Por esa misma razón me enfoco tanto en dar cursos, talleres y seminarios en los cuales las personas no solo llegan a entender los conceptos, sino los viven, los experimentan y salen completamente transformados porque ya tienen el respaldo y la referencia del impacto de los milagros reflejados en su vida. Literalmente les cambia la vida y comienzan a vivir una realidad transformada. Cuando cambio mi contexto y me permito experimentar cosas nuevas, cambia mi manera de ver la vida y todo, absolutamente todo se transforma.

Bueno, entonces este milagro es uno de los que te pido que experimentes desde tu corazón y no tanto desde tu mente. Se llama el milagro de la perfección.

Si hay algo que te puedo afirmar es que nuestra vida en todos los sentidos y en todas las circunstancias es perfecta. Ahora es cuando tu mente pudo haber dado un brinco tremendo diciéndote a gritos: ¡Eso es mentira, tengo muchas cosas en mi vida que no son perfectas y muchas otras que están terriblemente mal, es más, me han sucedido cosas terribles e inaceptables que por nada en el mundo son perfectas! Entiendo por qué nuestra mente hace eso y la razón es que está acostumbrada a vivir desde el estado que ya tanto hemos mencionado a lo largo de este libro: la separación que nos trae ego, miedo, resentimiento, frustración, etc. Y, por lo tanto, nos ata muchas veces a un pasado doloroso.

Te quiero contar algo que nos ayudará a entender mejor este milagro. Cuando somos niños y estamos aprendiendo a caminar nos caemos muchas veces y nuestro papá o nuestra mamá nos levantan una y otra y otra vez. Sin embargo, llega un momento en el cual nuestro padre o nuestra madre deciden no levantarnos. Tú y yo entendemos perfectamente bien por qué lo hacen. Sabemos que parte de aprender a caminar es también aprender a levantarse e incluso aprender a caer. Va en el paquete, no hay diferencia porque, aunque con menos frecuencia, de adultos nos seguiremos cayendo toda la vida. Pero el niño no entiende la razón del adulto ya que su consciencia no es tan elevada y su experiencia es completamente distinta, y entonces el pequeño o la pequeña sienten una total y absoluta injusticia que se traduce en enojo y frustración. Ya no sienten amor y tal vez ni respeto hacia sus padres. «¡Cómo puede ser que si me aman no me levanten!»; sin embargo, la intensión de los padres es la más bella y hermosa de todas: enseñar desde el amor, desde la experiencia, para que su hijo experimente por sus propios medios el crecimiento, ya que es la única manera en la que puede darse un crecimiento permanente.

Finalmente nadie podrá caminar por nosotros.

De esta manera, cuando el niño hace las cosas por su propio medio amplía la consciencia respecto a sus capacidades y entonces ¡voilá!:

se supera a sí mismo, *crece*. Ya sabe desde su experiencia y desde su parte consciente que puede hacer algo que antes era imposible para él: levantarse.

Si nunca hubiera caído, entonces nunca hubiera aprendido a levantarse y menos a caminar.

Quiero que ahora también observes que la caída como tal es un suceso, y lo que le ocasiona dolor al niño no es la caída en sí, sino que sus padres no lo levanten. A lo que voy es que como tal ese suceso es neutral. No es ni bueno ni malo, en sí no es doloroso ni placentero. Lo que le da una emoción y un sentido a la vida del niño es la manera en la que interpreta lo que pasa y entonces lo que siente respecto a aquello que pasa.

Todo esto suena lógico; sin embargo, cuando se trata de nosotros, seres ya adultos, y no del niño... la gran mayoría de las veces... ¡seguimos actuando como el niño!

¿Pero por qué? Por nuestra visión aislada y separada de las cosas. Cuando hablo del milagro de la perfección y te pido que hagas a un lado tu escepticismo es precisamente esto. Si eres una persona de fe (ojo: digo de fe y no necesariamente religiosa) entonces creerás al igual que yo que existe una consciencia más elevada que la nuestra. Esa es la fuente creadora que es responsable de toda la vida, incluyendo la nuestra. Si miramos toda la creación y todo lo proveniente de esa fuente, de Dios o del universo o como gustes nombrarle, entonces concordarás conmigo en que es increíblemente asombrosa porque es *perfecta*. No hay creación de Dios que no lo sea, y eso nos incluye a nosotros; cuando vivimos desde el amor y en esa profunda conexión con nuestra fuente, experimentamos de una manera sorprendente el milagro de la perfección. Somos pequeños seres o elementos que en nuestro conjunto formamos parte de una plan perfecto. Eso quiere decir que cualquier vivencia, momento o experiencia es y ha sido perfecta para traerte a este lugar y a este preciso momento. Tu presente es uno y ese simple hecho lo hace perfecto. No importa lo sucedido, sino que estás aquí y ahora, en este preciso instante y este preciso momento, y eso es un milagro. Tu presente es perfecto, simplemente porque es tuyo.

Imagina que un suceso, hace cien o doscientos años, el más peque-ño aparentemente, pudo haber sido responsable de que tú hoy no estu-vieras aquí. Imagina que tu bisabuelo ese día especial decidía quedarse un minuto más arreglándose el bigote y, por lo tanto, salió de su casa un minuto tarde. No se hubiera topado con esa muchacha hermosa de la cual se enamoró y resultó ser tu bisabuela. Ese minuto hubiese sido responsable de que tú hoy no estuvieses aquí leyendo estas palabras. ¿Te das cuenta de cómo absolutamente todo ha formado parte de «un plan perfecto»? Finalmente es tu decisión cómo ves la vida y cómo la interpretas; sin embargo, todo este libro se trata de que comiences a vivir y a interpretar tu vida desde una perspectiva que valga la pena y a través de la cual tu vida cobre un sentido profundo y trascendente.

Una de las frases de Albert Einstein, que ya hemos mencionado en este libro, pero es una de mis favoritas y por eso quiero repetirla de nuevo, es: «Hay dos formas de ver la vida: una es creer que no existen milagros, la otra es creer que todo es un milagro». Yo realmente pienso que si queremos una vida distinta debemos hacer cosas distintas, y eso implica que tomemos la decisión de hacer las cosas de una manera diferente. ¿Por qué no comenzar a ver nuestra vida desde una nueva perspectiva que le dé un sentido mucho más profundo a nuestra vida y nuestra existencia?

Cuando hablamos de tu experiencia, de todo lo que has vivido, inter-pretado, visto, escuchado, etc., podemos decir que todo ello era algo que tenías que vivir para convertirte en una mejor persona, una experiencia a la cual tenías que acceder para aumentar la consciencia sobre ti mismo, sobre tus ideales, sobre tus capacidades, para que finalmente sintieras ese profundo amor y agradecimiento por todas las cosas buenas que sí hay en tu vida. Todo lo que has vivido, todo lo que viviste no es más que un recuerdo, algo que no existe. Puedes argumentar que el pasado sí existe, yo puedo decirte que no existe: existió. Lo único que existe es el presente y, por lo tanto, el pasado que no existe pero existió no es más que una idea de algo irreal (irreal = no real; lo que fue, no es; y lo que no es, no es real). Sin embargo, fue perfecto porque tu presente lo es.

Como te comenté es importante entender este milagro no desde la razón, sino desde el corazón. Así como no podemos entender la boda entre el número cinco y la dona de chocolate, simplemente porque no tiene sentido; tampoco tiene sentido querer entender este milagro desde la razón o la percepción de la inteligencia racional.

Te voy a contar un poco más de mí: cuando tenía diecisiete años, después de que me hubiese dado la embolia, tenía que hacer el servicio militar o al menos presentar los papeles correspondientes para dicho trámite.

Recuerdo perfectamente el día y recuerdo perfectamente en dónde estaba cuando comencé a buscar los dichosos papeles en un archivo viejo en el departamento donde vivía en aquel entonces.

Comencé a leer la pestaña de cada folder en donde decía o describía el contenido hasta que me topé con uno que decía: «Estudio psicológico Spencer Hoffmann». Como bien dice el dicho: «La curiosidad...». Ok, conoces el resto. Mi curiosidad me llevó a abrir el estudio y comenzar a leerlo. Nunca olvidaré las primeras palabras: «Spencer Hoffmann a la edad de tres años, por el suicidio de su padre, presenta problemas en...».

Sentí en un instante como si una tina entera de agua helada hubiese caído sobre mí y cubriera cada célula de mi ser. Un frío que nunca había sentido antes.

Toda mi vida crecí con la idea de que mi padre había muerto de un infarto de corazón. Y efectivamente había tenido dos infartos; sin embargo, no falleció por eso.

Mi padre, un hombre joven de cuarenta años, con muchos problemas emocionales y una deuda tremenda, después de la devaluación de 1994 pensó que su vida no daba para más y decidió terminar con ella.

El héroe que me había pintado durante toda mi infancia, todas las palabras grandiosas y hermosas que había escuchado acerca de él, en efecto, solamente había escuchado palabras grandiosas sobre él, toda esa imagen se desmoronó y se vino abajo de un segundo a otro. El héroe que dejó de ser héroe, el superpapá que dejó de ser superpapá, el ser humano grandioso que dejó de ser un ser humano grandioso.

Tantas y tantas ideas alborotaban mis pensamientos, tantas y tantas emociones encontradas y perdidas me hacían sentir un dolor muy profundo e hiriente.

Me costó mucho trabajo perdonar a mi padre, pero al final me di cuenta de que no lo tenía que perdonar a él: tenía que perdonarme a mí por haberme permitido sufrir con una idea y una situación con la que no tenía que engancharme emocionalmente de manera negativa. Si te das cuenta, cuando perdonamos, en realidad nos perdonamos a nosotros mismos por habernos permitido darle una interpretación negativa a algo y haber permitido que ese algo nos afectara emocionalmente.

El haberme conciliado con esa realidad me trajo mucha paz y mucho entendimiento de lo verdaderamente importante: mi presente. Me dio paz saber que no tenía que entender a mi padre, solo aceptar el hecho desde el amor y agradecer que gracias a él yo estoy aquí y ahora, gracias a ese hecho hoy sé lo que soy, cuánto valgo y, por lo tanto, soy quien soy y escribo estas mismas líneas. Hoy gracias a él estás leyendo tú y conciliando estas ideas en tu mente y tu corazón. No quiero decirte que me haya gustado el hecho, no quiero que se malinterpreten mis palabras, solamente quiero que sepas la profunda e inmensa gratitud que siento por mi realidad, mi presente; sé que no sería igual sin ninguno de los momentos esenciales y perfectos que han conformado mi vida. Eso, para mí es verdaderamente milagroso.

He aprendido que como seres humanos podemos ver solo un fragmento muy reducido del todo: uno muy, muy, muy, muy reducido. Y es por eso que podemos no entender cómo algo aparentemente negativo o doloroso para nuestro entendimiento puede beneficiar nuestra vida y al todo, sin embargo es así.

Por eso hay una diferencia abismal entre el dolor y el sufrimiento. El dolor es parte de la vida, es inevitable, aunque muchas veces es bueno y hasta nos gusta. Esto no quiere decir que seamos masoquistas, pero cuando hacemos ejercicio nos duele y a la vez nos gusta, cuando pagamos el precio por crear y trabajar un negocio nos duele, pero también nos gusta. El problema es que si vivimos una situación con mucho dolor y la revivimos de manera constante se convierte en sufrimiento, y el problema con el sufrimiento es que tiende a exagerar y hacer grandes las cosas. Así nuestro presente está inundado por dolores del pasado que se han estancado, podrido, apestan y nos hacen sentir muy mal.

Es por eso que vivir una vida perfecta es una elección que solo puede realizarse desde este milagro de amor. Vivir esta vida requiere que pongamos en práctica un ejercicio emocional sumamente poderoso y temido por muchos: el perdón.

Aquel que sabe perdonar es aquel que sabe vivir libre. No hay más. Para vivir desde esta libertad y abrazar nuestro presente desde el amor, aprender a perdonar es lo más importante que podemos hacer porque perdonar es soltar todo lo que no nos funciona para disfrutar cada momento que sí crea un impacto positivo en nuestra vida.

Perdonar no significa olvidar; cuando perdono puedo recordar, pero lo hago ahora sin dolor. El perdón es esa herramienta maravillosa que quita el sufrimiento de nuestra vida.

A lo largo de mi carrera me he topado con numerosas personas que sufren depresión. Y al apoyarlas para que superen ese camino doloroso me he dado cuenta de que la causa de su depresión no es el suceso que vivieron, sino la manera en la que lo han venido repitiendo una y otra y otra y otra vez a lo largo de mucho tiempo. Recuerda que nuestro cerebro no puede diferenciar lo que vivimos, lo que recordamos con mucha emoción o lo que imaginamos intensamente. De esa forma muchas personas se pasan la vida reviviendo momentos de muchísimo dolor. La depresión entonces resulta lógica. Nadie puede sufrir dos mil abandonos u ochocientos abusos físicos. El perdón nos libera, no necesariamente del recuerdo, pero sí del dolor que le hemos adjudicado a ese recuerdo. De esa forma una situación muy dolorosa puede convertirse en una fuente de amor o en una bendición maravillosa en tu vida; por más loco que esto suene es real, es un milagro, yo lo he visto en mi vida y en la vida de muchas personas.

Perdonarnos es decidir cambiar el significado que le hemos dado a nuestra vida y hacerlo por el bien de nosotros, de nuestro presente, y por las personas que amamos y están en él. He realizado este ejercicio del perdón en distintas conferencias y el impacto es extraordinario. Me he encontrado con casos realmente fuertes y escuchar la historia de esas personas y ver cómo pueden cambiar el significado de su historia y vivir en total libertad ha sido para mí la prueba fehaciente de que todos podemos hacerlo.

En una ocasión un señor se levantó a contar su historia y por qué le resultaba tan difícil perdonar. Desde los ocho años vivía solo en la calle. Su madre había sido una prostituta, ella lo había maltratado físicamente y había permitido que sus «clientes» abusaran sexualmente de él. A los ocho años, un día lo echó de la casa por no planchar bien sus medias. Desde entonces y hasta su edad adulta sufrió una cantidad impresionante de abusos de todo tipo, cosas horrorosas que no le deseo a ningún ser humano. Después de escuchar esta historia, yo sentía el corazón apachurrado. ¿Sabes?, por muy difícil o fácil que creas que sea, el señor cambió el significado de su historia y se perdonó por haberse sentido mal y haber estado cargando un pasado tan doloroso. Él encontró una razón maravillosa por la cual había tenido que vivir todo eso y ahora podía recordar su historia sin el dolor del pasado, únicamente con la maravillosa sensación de que su presente era tan grandioso gracias al pasado y a la madre que tuvo. Si no hubiera vivido eso, no hubiera aprendido tanto, no se hubiera hecho fuerte y no tendría en la actualidad la familia tan maravillosa que lo rodea. Les enseñó principios grandiosos y a valorar la vida gracias a que tuvo un pasado tan difícil.

En otra ocasión me topé con una señora que estaba al borde del suicidio. La razón era que su padre había abusado de ella desde los ocho años hasta los quince, al igual que de su hermana, y a pesar de que habían pasado los años, ella no podía apartar esos problemas de su mente. Decía que había escapado de esa realidad para llegar a una muy similar con un esposo abusador y violento de quien huyó y del cual tuvo dos hijos. Después de una conversación de no más de veinte minutos con ella, era una persona completamente distinta y renovada. Fue un instante en el que ella se dio cuenta de que sus dos hijos, sus pequeños ángeles, como les dijo, tenían una vida hermosa, sana y feliz gracias a todos los golpes y sufrimientos que ella había vivido en el pasado. En ese instante cambió su rostro y me dijo: «Volvería a vivir todo otra vez por tener los hijos que tengo ahora». Le pregunté si alguna vez se quitaría la vida y me dijo que nunca jamás lo intentaría.

¿Te das cuenta de cómo la fuente más grande de tu dolor puede transformarse en la bendición más grandiosa de tu vida?

Y a decir verdad, casi todos tenemos algo que perdonar porque todos conocemos el dolor, y en algún momento y de manera inconsciente hemos convertido ese dolor en sufrimiento. Recuerda que el verdadero perdón es la conciliación con la historia que nosotros mismos nos hemos contado. Solo puedo estar tranquilo conmigo cuando me he perdonado, y mi historia no me causa dolor sino admiración, gratitud, pasión, alegría, regocijo, amor o cualquier otra emoción poderosa.

PREGUNTAS PARA LA REFLEXIÓN

1. ¿Qué pasado doloroso estoy cargando que no me permite avanzar y estar tranquilo conmigo?

   _____

   _____

   _____

2. Si realmente queremos soltar nuestro pasado debemos crear cierto apalancamiento, así que hagámoslo. ¿Cuánto dolor he estado cargando por no soltar ese pasado?

   _____

   _____

   _____

3. ¿Cómo puedo medir ese dolor? En otras palabras, ¿cuántas consecuencias negativas ha tenido mi vida por no haberme desprendido de ese dolor hiriente?

   _____

   _____

   _____

4. ¿Si sigo cargando con estas piedras y este pasado, qué futuro me espera?

_____

_____

_____

5. ¿Me gustaría ese futuro?

_____

_____

_____

6. ¿Qué futuro merezco? ¿Cuál es el futuro que realmente quiero vivir y por el cual estoy dispuesto a luchar?

_____

_____

_____

7. ¿Necesito mi libertad emocional para vivir esta vida?

_____

_____

_____

8. ¿Cuánto tiempo más voy a dejar pasar para comenzar a construir ese futuro extraordinario?

_____

_____

_____

Después de haberme enterado de la muerte de mi padre pasé mucho tiempo en total desdicha emocional. Me costó mucho trabajo hablar del tema con alguien. De hecho pasó más de un año hasta que pude hablarlo con mi mamá. En ese año pude pedirle consejo a mi hermana mayor, quien me recomendó con una sicóloga y comencé a ir a su consulta. Te diré que yo pensaba que ella sufría más que yo. En cada sesión me decía: «Ay, mi pobre, veamos cómo sigues con ese inmenso problema emocional con el cual tienes que cargar...», y finalizaba la sesión con: «Hijo, aunque puedas fingir, necesitas todavía seguir viniendo, te falta mucho para curarte emocionalmente...».

A los diecisiete años daba varias clases de regularización a alumnos menores que yo del Colegio Suizo donde cursé desde el kindergarten hasta la preparatoria. Y era precisamente con esas clases que le pagaba a la sicóloga. Después de varias sesiones me di cuenta de que su interés principal no era que yo mejorara, sino que fuera su cliente ya que cada semana le pagaba setecientos pesos. Al mes le tenía una renta de dos mil ochocientos pesos.

Recuerdo perfectamente el día, muy cerca ya de su consultorio en Coyoacán, viendo el atardecer junto a una frondosa jacaranda llena de sus hermosas flores lilas, que me pregunté: ¿qué pasaría si perdonara a mi papá por lo que hizo, qué pasaría si decido soltarlo ahora?, y ahí fue donde me cayó el veinte. No tenía que perdonarlo a él. Tenía que perdonarme a mí por haberle dado esa interpretación tan negativa a su vida y por haber aceptado tener esos pensamientos negativos de rencor hacia él. En definitiva había sido su vida, e independientemente de que hubiese conocido sus antecedentes, él fue quien los vivió y, por lo tanto, es imposible querer entenderlo. Solo puedo perdonarlo a través de perdonarme a mí.

Así que ahora es tu turno. Sé que a pesar de que haya existido mucho dolor en tu pasado, hay ciertas cosas muy grandiosas y maravillosas en tu presente por las cuales te puedes sentir agradecido en este instante. Yo sé que muchas veces cuesta trabajo encontrarlas, pero quiero decirte que vale la pena hacer ese esfuerzo. Así que venga, da ese paso de fe, de amor propio y date cuenta de lo que el perdón puede traerle a tu vida. Date cuenta de cómo una decisión sencilla puede darle un giro maravilloso y una paz hermosa a tu presente. Decide perdonarte.

Yo _____ decido en el día de hoy perdonarme porque _____

_____

_____

_____

_____

Recalco que hagas el ejercicio, que conectes con tu amor, con tu esencia, y sueltes ese pasado doloroso. Te sentirás diez kilogramos más ligero.

Ahora, si te es posible, ve a un espejo y simplemente pídete perdón. Hazlo desde lo más profundo de tu corazón y regálate a ti mismo un muy fuerte y muy merecido abrazo.

Finalmente te pido que realices una actividad para conmemorar tu libertad. Puede ser una llamada a la persona de la cual te has decidido desprender, sin expectativa de una respuesta positiva, pero sí para demostrarte tu nueva y maravillosa vida. O tal vez irte un día a la naturaleza y conectar con tu grandeza para agradecerle a Dios lo hermosa que es tu vida y la oportunidad tan grandiosa y maravillosa que tienes por vivir.

Escribe aquí el compromiso que conmemora tu perdón:

_____

_____

_____

_____

Sigamos ahora hablando del milagro de la perfección.

Yo sé que podrán surgir muchas preguntas en tu mente y te pido que pienses en la metáfora del niño y te des cuenta de que no hay tanta diferencia entre tú, el niño y yo. Realmente, ¿hasta dónde llega la consciencia? ¿El hecho de que nuestra consciencia no haya seguido

expandiéndose a la misma velocidad que la del niño significa entonces que ya no existe más consciencia que la nuestra y, por lo tanto, solo
nosotros podemos tener la razón? ¿O acaso puede haber una consciencia más elevada? ¿Será que así como nuestra consciencia es más
elevada que la de los niños puede haber aun niveles más altos de consciencia que simplemente no conocemos todavía?

Cuando vivimos desde este estado nos damos cuenta de que la
suerte o las coincidencias no existen, que son ideas creadas desde la
separación. Entendemos que todos nosotros y toda nuestra vida es
parte de un *plan perfecto de amor* y eso definitivamente es un milagro.
Al plan perfecto de amor, yo también decido llamarle el *plan perfecto
de Dios*. Sin embargo, respeto mucho la manera en la que tú decidas
referirte a él.

La diferencia en nuestra vida la hará que comencemos a vivir desde el amor y que los milagros comiencen a manifestarse; te prometo
que se manifestará en ti, en algún momento de tu vida, el milagro de
la perfección, ese momento en el cual desde tu presente mires hacia
atrás y te des cuenta de que todo es y tenía que ser tal cual es y ha
sido, que tu vida no ha sido más que un contar de pasos de un camino
perfecto.

Capítulo 14

EL MILAGRO DE LA VIDA

Este milagro, sin ser más importante que los demás, pudo haber sido también el primero en este libro; sin embargo, lo dejé casi para el final por una razón muy especial, y es que junto con el milagro del amor constituyen aquello que le da sustento, sentido y dirección a nuestra razón de ser y toda nuestra existencia.

Tristemente me he topado con muertos en vida. Puedo decir que hasta los dieciséis años yo fui uno de ellos, pero vivir en realidad la vida ha sido el regalo más grandioso que Dios me ha dado, después de haber conocido al amor de mi vida, claro está. La vida es realmente tan deliciosa y tan exquisita que solo valen los momentos grandiosos y felices; no valen tristezas, ideas ni emociones negativas. La vida ha sido creada para nosotros, para ser vivida desde el amor y con todos los milagros que aquí han sido descritos que son, por supuesto, consecuencia del amor y de una vida desde la unión. Es por ello que no se trata de cuántos años de vida podemos llegar a tener, sino de cuánta vida podemos llegar a darle a nuestros años. Como ya conoces, no sabemos cuántos años tenemos, solo sabemos que tenemos nuestro presente.

Y por eso quiero preguntarte: ¿qué harías si supieras que hoy fuese el último día de tu vida? ¿Te irías a gusto? ¿Te irías feliz? ¿Qué tendrías que hacer para irte en paz?

Te diré un secreto que descubrí cuando tuve la embolia: la vida se vive a través de los pequeños detalles. Son ellos los que realmente le dan jugo y sentido a nuestra existencia. No existen las grandes hazañas, existen las hazañas hechas con amor. No existen los grandes momentos, existen los pequeños momentos que nacen del amor; no existen en realidad los seres humanos grandes, existen los que deciden vivir la vida a través del amor. ¿Ves cómo son los pequeños detalles, los momentos que nacen desde el amor, los que le dan un sentido genuino a nuestra existencia? Son esos momentos los que cuentan y, por lo tanto, los que atesoramos en nuestro corazón.

Quiero que te des cuenta de que el milagro de la vida es el acto de amor más maravilloso, sublime e increíble que existe. Es simplemente *perfecto*. Y ese acto de amor, ese milagro, comienza con nuestro Creador, nuestro Padre, nuestro Dios o como te quieras referir a la fuente de la cual provienes. Toda su creación es en sí un acto de amor, pero sobre todo la vida es un milagro de amor. Nuestra alma, ese soplo que llevamos dentro, que desde el amor no es otra cosa más que Dios, es parte de esa grandiosa divinidad. Desde la unidad somos la creación perfecta del amor de Dios quien es nuestro verdadero Padre, desde el amor somos todos humanos sin importar edad, color, raza, ideología, condición o estrato sociocultural. Y este milagro es incluso mucho más grande de lo que podemos imaginar, ya que nuestra vida junto con este preciso momento, este preciso instante que nos define como seres humanos, es el producto de un sinfín de milagros que se juntaron para que este preciso instante, este preciso momento, perfecto en toda su expresión, tan efímero pero al mismo tiempo tan eterno, pudiese existir en nuestra conciencia. Es nuestra única realidad, aquello que nos sostiene y nos da el sentido de vivir y seguir adelante.

Quiero decirte que soy una persona distinta a la que comenzó a escribir este libro. Quiero decirte que este, mi primer libro, me ha cambiado la vida por completo. Quiero decirte que hoy vivo este milagro de amor desde una perspectiva tan profunda que quisiera gritarlo por todo el mundo: voy a ser papá. Mientras escribo estas líneas mi primer hijo viene en camino y tiene apenas siete semanas de haber sido concebido. Y yo me pregunto: ¿realmente tiene siete semanas de haber sido concebido o es un ser eterno que ha escogido este instante en la historia para venir a contar la suya, y lo que es más, nos ha escogido a su hermosa madre y a mí para vivir con nosotros esta experiencia humana? Cualquiera que sea la respuesta, sé que es un milagro de amor. Sé que en el momento de su concepción, Dios decidió depositar este ser divino y perfecto desde su amor en el seno de una familia naciente, que lo recibe con los brazos pero sobre todo con el corazón abierto. Y verdaderamente me asombra saber que su vida nació de un acto de amor puro y genuino. No sé para ti, pero para mí eso es un milagro hermoso y extraordinario.

¿Te das cuenta de lo hermoso y maravilloso que es este suceso? Es el milagro de la vida en su máxima expresión. El milagro por el cual todos hemos pasado. El milagro que está sucediendo todo el tiempo, en todos lados, en todas partes, delante de nuestros ojos, de manera tan obvia y abundante que muchas veces nos cuesta trabajo verlo. ¿Puedes entender cómo un ser vivo, un ser humano puede partir de dos células tan pequeñas y diminutas? La respuesta es: no. Es imposible entenderlo con la razón puesto que es un acto de fe y de amor. No podemos entender qué pasa ni cómo pasa... Cómo una unión microscópica resulta en la creación de un ser humano, con vida propia, consciencia propia, decisiones e inteligencia propias... un ser que incluso está creado para vivir desde el amor, y desde su grandeza trascender y dejar una huella de amor en el mundo.

¡Cuánto asombro me da pensar en el milagro de la vida! ¡Qué regalo tan hermoso ha sido la concepción de mi primer hijo! Si te contara lo que sentí cuando por primera vez escuché el latido de su corazón y tan solo medía lo que una lenteja... ¡ni un centímetro! Dios nos manda bendiciones y regalos todo el tiempo, nos ha mandado la vida para poder apreciarlos, aprender de ellos y dejar este mundo mejor de como estaba cuando llegamos a él.

Y así es y ha sido siempre, una pequeña espora viene a trascender en una flor; una pequeña semilla viene a convertirse en un grandioso y poderoso árbol que nos dará sombra y deliciosos frutos; un pequeño huevo viene a ver nacer una hermosa ave que nos deleita con su gracia mientras emprende el vuelo y nos endulza un momento mágico con su hermoso canto. Una espora no viene a ser espora, una semilla no viene a ser semilla, un huevo no viene a ser huevo, un ser humano no viene a ser únicamente humano, tú no viniste a este mundo a ser lo que has demostrado ser hasta ahora... ¿te das cuenta? Eres consciencia y eres vida porque has venido a expandir esa consciencia y esa vida, a multiplicarla y crear un impacto maravilloso y extraordinario.

Imagina todos los eventos que tuvieron que haber sucedido para que tú estuvieras hoy aquí y ahora. Si tus padres hubieran hecho algo diferente, tal vez un solo evento distinto en su pasado, tú hoy no estarías aquí. Y esto no termina ahí porque lo mismo sucede con tus abuelos y bisabuelos, tatarabuelos y todas las generaciones pasadas. Un solo evento distinto hubiese bastado para que *la historia* fuese completamente otra. Un evento pequeño, un detalle aparentemente insignificante hubiese bastado para que esta realidad fuese otra. Y sin embargo, aquí estás sosteniendo este libro, abriendo tu corazón y leyendo en este preciso momento estas palabras... estas palabras. Eso es extraordinariamente asombroso. Eso es definitivamente un milagro.

Recuerda siempre que la consciencia es vida y solo puede cobrar relevancia en tu vida aquello que cobra relevancia en tu consciencia; recuerda siempre que la única consciencia que trasciende no es la que vive en la mente, sino en la memoria del corazón, la consciencia del amor.

Lo que sientes justo ahora y las ideas que cruzan por tu mente son un milagro.

Tus sueños, tus metas, tus aspiraciones son milagros queriéndose manifestar en tu vida y pidiéndote a gritos que comiences a vivir desde el amor, ya que ahí es donde cobra sentido este milagro tan maravilloso que reúne todo lo que te ha sido dado, todo lo que te es dado en este instante y todo lo que te será dado; en donde el tiempo y el espacio realmente no existen; en donde tú eres también esa fuente creadora de abundancia, de bienestar, de salud, de sabiduría, de armonía, de paz, de felicidad y, por supuesto, de amor; en donde tu pasión te lleva de la mano y tu gratitud enaltece a tu corazón; en donde realmente eres uno con los demás, con tus hermanos de amor y de luz, y en donde te das cuenta de que todo se trata de actos únicos: intercambios de amor.

Tu vida ya es un milagro de amor porque para que fuera vida tuvo que haber venido del amor y para que fuera amor tuvo que haber venido de la vida.

Comienza a vivir el milagro de la vida, comienza a vivir el milagro del amor.

Te invito ahora a que realicemos el siguiente ejercicio.

PREGUNTAS PARA LA REFLEXIÓN

1. Escribe de qué manera puedes, a partir de ahora, comenzar a añadirle vida a tu vida, ¿de qué manera puedes comenzar a apreciar los pequeños detalles y comenzar por tu propia cuenta a demostrar pequeños detalles de amor?

_____

_____

_____

_____

_____

2. ¿De qué puedes sentirte sumamente asombrado y entusiasmado?

_____

_____

_____

_____

3. Quiero que escribas el momento más feliz de tu vida:

_____

_____

_____

_____

_____

4. ¿Te das cuenta de cómo los momentos más felices, hermosos y memorables de tu vida son momentos llenos de amor? ¿De qué manera puedes encargarte de regalarle momentos de amor, momentos de vida, a las personas que más amas?

_____

_____

_____

_____

5. ¿De qué manera puedes demostrarles a las personas que amas que la vida vale la pena ser vivida a través del amor?

_____

_____

_____

_____

6. Cuándo llegue tu hora de partir, ¿cómo serás recordado?

_____

_____

PREGUNTAS PARA LA REFLEXIÓN

———————————————
———————————————
———————————————

7. ¿Qué harías hoy si supieras que sería imposible fallar, si todo lo que hicieras fuese a trascender por el amor y desde el amor?

———————————————
———————————————
———————————————
———————————————

¿Sabes? Creo que eso es justo lo que necesitas hacer. No dejes pasar más tiempo, no dejes que la vida se te vaya...

Capítulo 15

EL MILAGRO MÁS SUBLIME

Detente un instante para pensar. ¿Cuál puede ser el milagro más grandioso de todos?

Quise dejar este capítulo para el mero final, a pesar de que por mucho tiempo pensé en que iba a ser el primero de este libro.

Sin duda es el capítulo más corto pero más significativo de todo el libro, y al mismo tiempo es una afirmación, pero sobre todo un recordatorio.

El milagro más grandioso de todos es tu vida, es tu momento, tu presente, tu eternidad constante y efímera, es la historia que te toca contar y la inspiración que te toca dejar en tantos corazones, es la verdad que se esconde en tu corazón y el deseo profundo que ese corazón expresa, es la esencia que le da sentido a tus días y la reflexión profunda que le da dirección a tu existir. El milagro más grandioso de todos eres TÚ.

Espero de todo corazón que tú también opines lo mismo.

PALABRAS FINALES

Quiero preguntarte: ¿cuánto tiempo más vas a dejar pasar?

Vivir desde el amor es una decisión difícil. Dejar a un lado la separación es también un acto extremadamente difícil. Requiere un esfuerzo muy grande, requiere un sacrificio que conlleva enfrentar tus miedos y traumas del pasado, requiere estar dispuesto a todo, incluso a perderlo todo. Sin embargo, cuando la bendición llega y los milagros comienzan a manifestarse en tu vida, entonces te das cuenta de que todo, absolutamente todo, no pudo haber sido de otra forma y cada paso, idea e instante valieron completamente la pena.

Has llegado al final de este libro. Mi deseo más intenso y profundo es que comiences a llevar una vida majestuosa basada en el amor porque yo sé que el potencial de los seres humanos solo puede realizarse en actos inmortales, actos que quedarán guardados en los corazones de las personas y las inspirarán a tener una vida mejor y de trascendencia, entonces tu entorno y los seres que amas vivirán también una vida llena de propósito, una vida llena de milagros, una vida llena de amor.

De todo corazón espero algún día encontrarte y que me cuentes cómo el amor, más que abrirte los ojos, abrió tu corazón y transformó tu vida.

Al final no importa nada de lo que está escrito en este libro. De alguna manera todo lo que ya leíste forma parte del pasado. Por eso lo único verdaderamente importante es la manera en la que decidas vivir tu vida a partir de ahora.

Yo ya tomé mi decisión y por eso decidí escribir este libro. Tú... ¿qué estás esperando?

Se despide con amor, tu amigo, tu hermano,

Spencer Hoffmann

NOTAS

Capítulo 2

1. Ver, por ejemplo, Wayne Dyer, *Cambie sus pensamientos, cambie su vida: Vivir la sabiduría del Tao* (Carlsbad, CA: Hay House, 2009).
2. Nuestra página web es www.spencerhoffmann.com.

Capítulo 3

1. Wayne Dyer, *El gran cambio: De la simple ambición al verdadero significado de su vida* (Carlsbad, CA: Hay House, 2010), p. 7.
2. Ibíd.

Capítulo 5

1. Wayne W. Dyer, *El poder de la intención: Aprenda a co-crear su mundo a su manera* (Carlsbad, CA: Hay House, 2004), p. 27–28.

Capítulo 7

1. Ver Deepak Chopra, *How to Know God* (Nueva York: Three Rivers, 2000), especialmente pp. 212–13 [*Conocer a Dios* (México, D.F.: Penguin Random House, 2012)].

Capítulo 12

1. Frase compartida por John Maxwell a Spencer Hoffmann en una conversación personal.

ACERCA DEL AUTOR

Spencer Hoffmann es un joven escritor, conferencista y emprendedor quien, a través de su maravillosa forma de comunicar e historia de vida, ha impactado a más de miles de personas.

Después de haber estado al borde de la muerte a los dieciséis años a causa de una embolia, Spencer vio nacer una segunda y maravillosa oportunidad de vivir su pasión día a día; aquella de transformar de manera positiva a la mayor cantidad de personas posibles. Hoy Spencer hace justamente eso; acompaña a cada persona que lo escucha en su camino de transformación y de grandeza aportando maravillosas herramientas, por lo cual sus obras resultan en una verdadera metamorfosis en las personas.

Como líder, emprendedor y empresario, ha tenido grandiosos logros a pesar de su corta edad. Ha organizado varios eventos con líderes mundiales y empresarios que han transformado al mundo como JB Straubel (cofundador de Tesla Motors), Gary Hamel, Don Tapscott, Erik Qualman, Andrew McAfee, Luke Williams y, por cuatro años consecutivos, el mundialmente reconocido autor en liderazgo John C. Maxwell, quien durante tres años ha sido el mentor de Spencer. A dichas conferencias han asistido más de 25 mil personas.

Para más información acerca del autor visita www.spencerhoffmann.com donde podrás ver vídeos, cursos, talleres, así como campamentos y retiros de los cuales podrás formar parte y llevar tu vida, a través de la aplicación de estos principios, al siguiente nivel.